Gudrun Rogge-Wiest

Trotzdem Frei Bleiben

Eine literarische Reise

Essays I

Für Johanna und Clara

Bibliografische Information der Deutschen Nationalbibliothek:
Die Deutsche Nationalbibliothek verzeichnet diese Publikation
in der Deutschen Nationalbibliografie; detaillierte bibliografische Daten
sind im Internet über dnb.dnb.de abrufbar.

© 2020 Gudrun Rogge-Wiest
Herstellung und Verlag:
BoD – Books on Demand, Norderstedt

ISBN: 978-3-751-94382-6

Inhaltsverzeichnis

V

VI

VII

VIII

Vorwort

Unter dem Titel *Trotzdem frei bleiben* habe ich eine Auswahl von Essays zusammengestellt, deren gemeinsames Thema die Freiheit ist. Ausgehend von Romanauszügen, Gedichten und einem Film führt der Band auf eine literarische Reise, wobei das Nachdenken über Freiheit im Mittelpunkt steht.

Die ausgewählten Werke sind in erster Linie Lieblingsstücke. Es handelt es sich nicht um Neuentdeckungen, sondern vielmehr um Klassiker, auch in dem Sinn, dass es sich lohnt, sie sich immer wieder vorzunehmen, sie aus der Sicht der Gegenwart erneut zu lesen, aber auch aus der durch sie eröffneten Welt die Wirklichkeit unserer Zeit zu betrachten. Sie haben mich dazu inspiriert, mich selbst und meine Umgebung bewusster wahrzunehmen.

Die Autoren schufen ihre Werke im Kontext der Unbilden, Brüche, Bewegungen und Krisen ihrer Zeit, aber trotzdem sehen sich ihre Protagonisten und Sprecher Situationen gegenüber, die uns in ihrer Konstellation vertraut sind. Wir können uns in sie hineinversetzen, uns mit ihren Gefühlen, Gedanken und ihrem Verhalten auseinandersetzen, und einen Bezug zu unseren eigenen Erfahrungen herstellen.

Gleichzeitig werden in den Texten zeitlose Fragen des menschlichen Lebens thematisiert. Wie werden Zeichen und Situationen gedeutet, wie Entscheidungen getroffen? Was ist die Rolle des Individuums in der Gesellschaft, und wie ist Freiheit möglich? So kommt es trotz zeitlicher Distanz zu einer Kommunikation mit dem Werk.

Meine Interpretationen entstehen aus Beobachtungen am Text im Sinne eines *close reading*, wobei ich in einem gewissen Rahmen den zeitgenössischen Kontext und die Biographie der Autoren einbeziehe. Die Essays enden mit einem kurzen Blick auf unsere Zeit.

Obwohl die Fußnoten manchmal zu viel Raum auf der Seite einzunehmen scheinen, habe ich entschieden, sie nicht zu kürzen, da sie ein wertvoller Teil des Buchs sind. Sie sind als Fundgrube zum weiter lesen und forschen gedacht.

Mehr als die Beschäftigung mit jedem anderen Medium ermöglicht es das Lesen, sich zeitweise aus dem Alltag zu lösen und mit einer zwar anderen aber in mancher Hinsicht ähnlichen Welt vertraut zu werden, um die eigene danach mit neuen Augen zu betrachten. In diesem Sinne öffnet sich der Vorhang zum ersten Kapitel.

I

Trotzdem frei bleiben - *Sansibar*
oder der letzte Grund

Dann wurde er [...] sich der Anwesenheit der Figur bewußt. Sie saß klein auf einem niedrigen Sockel aus Metall, zu Füßen des Pfeilers schräg gegenüber. Sie war aus Holz geschnitzt, das nicht hell und nicht dunkel war, sondern einfach braun. Gregor näherte sich ihr. Die Figur stellte einen jungen Mann dar, der in einem Buch las, das auf seinen Knien lag. Der junge Mann trug ein langes Gewand, ein Mönchsgewand, nein, ein Gewand, das noch einfacher war als das eines Mönchs: einen langen Kittel. Unter dem Kittel kamen seine nackten Füße hervor. Seine beiden Arme hingen herab. Auch seine Haare hingen herab, glatt, zu beiden Seiten der Stirn, die Ohren und die Schläfen verdeckend. [...]

Wie alt ist er? So alt wie wir waren, als wir genauso lasen. Achtzehn, höchstens achtzehn. Gregor bückte sich tiefer, um dem jungen Mann gänzlich ins Gesicht sehen zu können. Er trägt unser Gesicht, dachte er, das Gesicht unserer Jugend, das Gesicht der Jugend, die ausgewählt ist, die Texte zu lesen, auf die es ankommt. Aber dann bemerkte er auf einmal, daß der junge Mann ganz anders war. Er war gar nicht versunken. Er war nicht einmal an die Lektüre hingegeben. Was tat er eigentlich? Er las ganz einfach. Er las aufmerksam. Er las genau. Er las sogar in höchster Konzentration. Aber er las kritisch. Er sah aus, als wisse er in jedem Moment, was er da lese. Seine Arme hingen herab, aber sie schienen bereit, jeden Augenblick einen

Finger auf den Text zu führen, der zeigen würde: das ist nicht wahr. Das glaube ich nicht. Er ist anders, dachte Gregor, er ist ganz anders. Er ist leichter, als wir waren, vogelgleicher. Er sieht aus wie einer, der jederzeit das Buch zuklappen kann und aufstehen, um etwas ganz anderes zu tun.

Liest er denn nicht einen seiner heiligen Texte, dachte Gregor. Ist er denn nicht wie ein junger Mönch? Kann man das: ein junger Mönch sein und sich nicht von den Texten überwältigen lassen? Die Kutte nehmen und trotzdem frei bleiben? Nach den Regeln leben, ohne den Geist zu binden?

Gregor richtete sich auf. Er war verwirrt. Er beobachtete den jungen Mann, der weiterlas, als sei nichts geschehen. Es war aber etwas geschehen, dachte Gregor. Ich habe einen gesehen, der ohne Auftrag lebt. Einen, der lesen kann und dennoch aufstehen und fortgehen. Er blickte mit einer Art von Neid auf die Figur.

Alfred Andersch, *Sansibar oder der letzte Grund.*
Diogenes Verlag, 1972. ,Gregor', 42-45.

Gregor, ein Funktionär der kommunistischen Partei, nimmt in der Skulptur eines lesenden Klosterschülers sein jüngeres Selbst wahr, einen Studenten der Lenin-Akademie in Moskau[1], der gläubig die Lehren aufsaugte, die ihm

---

[1] Die Studenten an der Lenin-Akademie werden explizit mit Mönchen verglichen, auch dahingehend, dass sie einen neuen Namen annahmen. (24)

dargeboten wurden. In einem Moment der Erkenntnis bemerkt er jedoch einen entscheidenden Unterschied, der ihm hilft, sich neu zu orientieren und einen neuen Lebenssinn zu finden. Während er selbst sich als Student mit dem Inhalt der Bücher identifizierte, erscheint ihm der kleine Mönch als ein kritischer Leser, der sich zwar einerseits konzentriert mit seiner Lektüre beschäftigt, aber sich gleichzeitig auch die Fähigkeit bewahrt hat, zu ihrem Inhalt eine Distanz einzunehmen, mit etwas nicht einverstanden zu sein, Dinge zu hinterfragen. Diese Haltung der inneren Freiheit wird möglich durch Gelassenheit und einen Sinn für Humor, der für den Betrachter in den Augenwinkeln der Figur wahrnehmbar ist.[2]

Als junger Mann hat Gregor, einem Mönch nicht unähnlich, sein Leben in den Dienst seiner Partei gestellt, die nun

---

[2] Das Modell für Anderschs jungen Mönch ist die Skulptur *Lesender Klosterschüler* von Ernst Barlach (1870–1938), 1930, Holz (Eiche), Höhe: 114,8 cm. Ein schönes Foto ist im Internet unter www.landesmuseum-mecklenburg.de/exponate/Ernst-Barlach-Stiftung-Guestrow/ernst-barlach-lesender-klosterschueler/ zu finden.

Widerstand gegen das Naziregime in Deutschland organisiert. Schon vor der Begegnung mit der Skulptur hat er sich jedoch mit Fluchtgedanken – Flucht aus Nazideutschland und aus der kommunistischen Partei, für die er arbeitet - befasst, hauptsächlich weil er Angst hat, aber auch weil er Abstand braucht, um sich über seinen eigenen Standpunkt klar zu werden.

Und ich, was will ich? Ich will aus meinem Winkel raus und irgendwohin, wo man noch nachdenken kann, darüber nachdenken, ob es noch einen Sinn hat, an die Partei zu glauben. (49)

Vor dem Hintergrund seiner inneren Ablösung von der kommunistischen Partei ist Gregor sofort klar, warum die Nazis die Skulptur des jungen Mönchs aus der Kirche entfernen wollen. Kritisches Lesen und Denken waren unerwünscht, weil sie ihre Ideologie und damit ihre Herrschaft in Frage stellen würden.[3] Für Gregor wird der lesende

---

[3] Der Zusammenhang zwischen selbstständigem Denken und Befreiung wird von Kant in seiner berühmten Definition von Aufklärung hergestellt. ‚Aufklärung ist der Ausgang des Menschen aus seiner selbst verschuldeten Unmündigkeit. Unmündigkeit ist das Unvermögen, sich seines Verstandes ohne Leitung eines anderen zu bedienen.' Immanuel Kant: ‚Beantwortung der Frage: Was ist Aufklärung?' Berlinische Monatsschrift, Dezember 1784.

-13-

Mönch deshalb zur Allegorie selbstständigen Denkens[4] und damit auch zum Symbol des Widerstands gegen ‚die Anderen' - die Bezeichnung des Autors für die National-sozialisten. Daher erklärt Gregor die Rettung der Figur zu seinem neuen Auftrag. Er glaubt, dass mit ihr auch die durch sie personifizierte Haltung über die Zeit gerettet wird. Dies ist für ihn so wichtig, dass er bereit ist, sein Leben zu riskieren.[5]

---

[4] Vgl. die Definitionen in Jeremy Tambling, *Allegory*, London: Routledge, 2009. ‚Ich setze voraus, dass die Personifikation eine allegorische Darstellungsweise ist, die komplexen, abstrakten Begriffen eine konkrete Form gibt, an der sie erkannt werden können.' (5) und ‚Durch Personifikation wird einem Objekt, oder einer Naturerscheinung oder sogar einem von Menschen gemachten Gegenstand, wie zum Beispiel einer Statue, eine Maske oder ein Gesicht und folglich auch eine Stimme und eine Persönlichkeit zugeschrieben.' (43) [meine Übersetzung].

[5] Erich Fromm hebt den Unterschied zu dem von den Nazis verherrlichten Opfer hervor. ‚Es gehört zu den tragischen Seiten unseres Lebens, dass die Erfordernisse unseres körperlichen Selbst und die Ziele unseres seelischen Selbst miteinander in Widerstreit geraten können, dass wir tatsächlich unser körperliches Selbst opfern müssen, um die Integrität unseres spirituellen Selbst zu wahren. Es wird dies immer ein tragisches Opfer sein [...] Dort [im Faschismus] ist das Opfer nicht der höchste Preis den der Mensch unter Umständen zahlen muss, um sein Selbst zu behaupten, sondern es ist Selbstzweck. Dieses masochistische Opfer sieht die Erfüllung des Lebens in dessen Negierung, in der Auslöschung des Selbst.' *Die Furcht vor der Freiheit* (1941), Kapitel 7 ‚Freiheit und Demokratie'.

Ein Begriff, der immer wieder in Bezug auf den Klosterschüler auftaucht, ist Aufmerksamkeit, im Sinne eines genauen, wachen Lesens, das für eine Auseinandersetzung mit dem Text wesentlich ist. Dies kann bis zu einem dekonstruierenden Lesen gehen. Der Dekonstruktivismus ist eine literaturwissenschaftliche Methode der Postmoderne, die sachgemäß angewandt zu nachvollziehbaren Erkenntnissen und Einsichten führt. Eine dekonstruktivistische Interpretation hat zwar den Anspruch ans Tageslicht zu bringen, was der Text gar nicht von sich selbst weiß; dabei orientiert und versichert sie sich jedoch immer am Text.[6] Dekonstruktivismus bedeutet also nicht Legitimation von Beliebigkeit oder von Kritik im Dienst von Interessen oder einer Ideologie. Wie andere Wissenschaftler reflektieren auch Dekonstruktivisten ihre Methode und ihre Voraussetzungen.

---

[6] Eine gute Einführung ist das Kapitel 'Structuralism and post-structuralism - some practical differences' in Barry, Peter *Beginning Theory. An introduction to literary and cultural theory*, Manchester and New York: Manchester University Press, 2002

‚Trotzdem frei bleiben‘ erfordert eine große Anstrengung angesichts der hitzigen öffentlichen Debatten. Das Ideal ‚ohne den Geist zu binden‘ lässt sich auch auf das Verständnis der Welt um uns herum beziehen, die Welt als den Text, den wir jeden Tag lesen und deuten. Die Skulptur des lesenden Mönchs kann uns daran erinnern, innezuhalten und nachzudenken, um in Ruhe unsere eigene Meinung bilden zu können.

II

Magische Artefakte – *Die Kammer des Schreckens*

Aufgeregt tauchte Harry seine Feder ein zweites Mal ein und schrieb: ‚Ich heiße Harry Potter.' Die Wörter glänzten einen Moment lang auf der Seite und sanken dann ebenfalls ein, ohne eine Spur zu hinterlassen. Dann, endlich, passierte etwas. Nasse Wörter, die mit seiner eigenen Tinte geschrieben waren, jedoch nicht von Harry selbst, erschienen auf der Seite: ‚Hallo, Harry Potter. Ich heiße Tom Riddle. Wie kommt es, dass du meinen Kalender hast?' Auch diese Wörter verblassten. Noch bevor sie ganz verschwunden waren, hatte Harry begonnen, zurück zu kritzeln: ‚Jemand hat versucht, es in der Toilette herunter zu spülen.'
Joanne K. Rowling, *Die Kammer des Schreckens*, Kapitel 13.
[meine Übersetzung].

Dies ist der Beginn einer Unterhaltung zwischen Harry Potter und Tom Riddle, dem durch sein jüngeres Selbst verkörperten Voldemort, durch das Medium seines Tagebuchs. In ihrem Verlauf versucht Voldemort, Harry weis zu machen, dass es Hagrid war, der vor 50 Jahren die Kammer des Schreckens öffnete und damit die tödlichen

Angriffe des Basilisken ermöglichte. Harry lässt sich jedoch nicht manipulieren, weil er Hagrid gut kennt und ihm absolut vertraut. So kommt es, dass Tom Riddle keine Macht über ihn gewinnt. Dies trifft jedoch nicht für Rons kleine Schwester Jinny zu. Ihre Geschichte liest sich wie eine psychologische Fallstudie über Verführung und Manipulation.

Es ist der Todesser Lucius Malfoy, der Jinny den Taschenkalender im Gedränge des Buchladens in der Winkelgasse in London unterschiebt. Jinny ist verletzlich, weil sie das erste Jahr in Hogwarts vor sich hat und sich einsam fühlt. Der Schreiber des Tagebuchs nimmt eine Konversation mit ihr auf und zeigt Verständnis für ihre Lage. Jinny wird emotional von der Beziehung mit Tom Riddle abhängig und lässt sich gegen besseres Wissen von ihm dazu bringen, die Kammer des Schreckens zu öffnen, was die Bewohner des Schlosses in tödliche Gefahr bringt.

Jinny kämpft mit sich. Sie erleidet große innere Qualen, ist aber aus eigener Kraft nicht in der Lage, sich von Riddles Einfluss zu befreien. Ihre zaghaften Versuche sich mitzuteilen scheitern, auch weil diejenigen, an die sie sich wendet, sie nicht ernst genug nehmen und ihr nicht aufmerksam zuhören.

In den folgenden Harry Potter Bänden dient Tom Riddles Tagebuch immer wieder als Warnung und Hinweis darauf, dass es notwendig ist, zuerst die Urheber zu identifizieren und ihre Zugehörigkeit festzustellen, bevor man einen Gegenstand verwendet. Diese Regel wird schon den jungen Hexen und Zauberern von verantwortungsbewussten Eltern beigebracht. In Mr Weasleys, des entsetzten Vaters, Worten:

''Als ob ich dir nichts beigebracht hätte! Was habe ich dir denn immer wieder gesagt? Traue niemals einem Gegenstand, der selbstständig denken kann, wenn du nicht erkennen kannst, wo sein Gehirn ist.'*
Kapitel 18 'Dobbys Belohnung'

Es gilt, sicher zu stellen, dass ein Gegenstand nicht mit schwarzer Magie aufgeladen ist oder gar aus dem Umkreis der Todesser um Voldemort stammt. Dabei wird immer wieder deutlich, dass die Aufforderung zur ständigen Wachsamkeit nicht Alarmismus ist. So ist Rons Ratte Scabbers eine Verkörperung von Wurmschwanz, Voldemorts treuestem Diener, und die Bilder von Sirius auf dem Boden im Keller des Zaubereiministeriums (*Der Orden des Phönix*), die Harry durch seinen Zugang zu Voldemorts Gehirn vermittelt werden, erweisen sich als Falle.

Diese Beispiele veranschaulichen, dass es leichter gesagt als getan ist, sich einfach an die Regeln zu halten, da Situationen aufkommen können, in denen es unmöglich ist, zu erkennen, worin die Gefahr besteht und welches Vorgehen das richtige ist.

Die Psychologie der Verführung, die durch Jinnys Geschichte veranschaulicht wird, kann auch in der virtuellen Realität des Internets beobachtet werden. Obwohl Schülerinnen und Schüler heute schon früh lernen, dass es wichtig ist, die Quelle zu kennen, um einschätzen zu können, wie vertrauenswürdig ein Text ist, egal ob es sich um einen Nachrichtenartikel handelt oder um eine Botschaft auf

Facebook oder Twitter, fallen ihr viele Kinder und Jugendliche zum Opfer. Erwachsene sind ebenfalls betroffen. Das Spektrum reicht von Computerspielsucht zu Wettsucht, von politischer Manipulation zu Radikalisierung.[7] Ihre Schicksale machen deutlich, wie wichtig es ist, skeptisch zu sein und sich rechtzeitig zu distanzieren.

---

[7] Radikalisierung wird zum Beispiel durch Internetauftritte von islamistischen oder rechtsextremen Gruppierungen gefördert. Manipulationen des Wählerwillens beeinflussten im Jahr 2016 sowohl den Ausgang des Brexit-Referendums als auch den der Präsidentschaftswahlen in den USA.

III

Wenn es Winter ist – ‚Hälfte des Lebens'

Mit gelben Birnen hänget
Und voll mit wilden Rosen
Das Land in den See,
Ihr holden Schwäne,
Und trunken von Küssen
Tunkt ihr das Haupt
Ins heilignüchterne Wasser.

Weh mir, wo nehm ich, wenn
Es Winter ist, die Blumen, und wo
Den Sonnenschein,
Und Schatten der Erde ?
Die Mauern stehn
Sprachlos und kalt, im Winde
Klirren die Fahnen.

Friedrich Hölderlin (1804)[8]

Schönheit und Fruchtbarkeit der Natur, die Überfülle eines sonnigen Spätsommertags sind der Gegenstand der
ersten Strophe. Sie findet im Aufeinander bezogen sein

---

[8] Deutsche Gedichte. Eine Anthologie. Reclam, 2002, 146.

von Land, Wasser und Lebewesen einen starken Ausdruck. Der Gedanke an den Winter führt jedoch zu einem plötzlichen Stimmungsumschwung. Das Bild einer unwirtlichen Landschaft steigt im Bewusstsein des Sprechers auf. Sie ist ohne Leben und ohne Schönheit, durchzogen von kalten, abweisenden Mauern. Vor Angst und Grauen entfährt ihm ein Wehschrei.

Der Titel ‚Hälfte des Lebens' deutet an, dass die im Gedicht evozierten Bilder die menschliche Erfahrung repräsentieren.[9] Für Leser des 21. Jahrhunderts drängt sich zuerst die Interpretation als Lebensalter auf. Mitten im Leben macht sich die Angst vor dem Älterwerden als ein ungewisses und unabwendbares Schicksal bemerkbar. Am Ende steht der Tod.

Als Hälften des Lebens können sich aber auch gegensätzliche Gemütsverfassungen gegenüberstehen, eine Zeit

---

[9] Die folgenden Überlegungen sind nicht das Ergebnis literaturwissenschaftlicher Forschung, sondern haben sich aus dem Kontext meiner Lebenserfahrung ergeben. Eine ausgezeichnete Interpretation des Gedichts mit Hilfe von Sprachanalysen und mit Bezug auf Hölderlins Denken findet sich in 'Hälfte des Lebens. Wortgeschichtliche Erläuterungen zu Hölderlins Gedicht' von Ulrich Knoop auf www.ulrich-knoop.com/hölderlin/hälfte-des-lebens/, 1999-2007.

der Freude im Wechsel mit einer depressiven Stimmung. Der Umschwung kann, muss aber nicht durch einen konkreten Anlass ausgelöst werden. So kann der Künstler auch in guten Zeiten von der Angst vor dem Versiegen der Kreativität gepackt werden.

Die Folge der Jahreszeiten von Spätsommer zu Winter legt nahe, dass nach dem Winter wieder ein Frühling anbricht.[10] Am Ende des Gedichts ist jedoch kein Hinweis auf einen solchen zu erkennen. Vielmehr klingt das Grauen der dargestellten Szene noch nach. Wenn man die Horrorvision des zweiten Bildes einmal vor Augen hatte, ist es schwer, wieder unbefangen die Fülle des Lebens zu genießen.

Die Gleichzeitigkeit von Fülle und Armut, von Wohlergehen und Schrecken hat die Geschichte der Menschheit immer begleitet, und sie prägt auch noch unsere Gegenwart des 21. Jahrhundert. Die westlichen liberalen Demokratien heute erscheinen für Angehörige der Mittelklasse

---

[10] In Hölderlins Denken ist gerade der Winter die Zeit für dichterisches Schaffen (Knoop, 1999 – 2007).

wie ein Paradies. Sie leben in Freiheit und in relativem Wohlstand, ihre Rechte werden geschützt, und es gibt eine soziale Grundsicherung, aber dieser Zustand wird nicht zuletzt durch Ausbeutung aufrechterhalten, Ausbeutung der Menschen im eigenen Land und in den Billiglohnländern Asiens und Afrikas, aber auch der Tiere in Massentierhaltung und der Natur überall auf der Welt. Immer wieder werden wir Konsumenten mit Bildern des daraus resultierenden Elends konfrontiert, und dennoch können wir sie scheinbar in unserem vollgepackten Alltag ausschalten. Ähnlich geht es uns mit den Folgen des Klimawandels, der ja hauptsächlich durch die Wirtschaftsweise der Industrienationen verursacht wurde. Wassermangel, Dürre, Flutkatastrophen bedrohen die Existenz vieler Menschen gerade in ärmeren Nationen. Wir leben in einem Paradies der Illusionen.

Besonders im Herbst 2018 mit seinen voll beladenen Obstbäumen in einer ununterbrochenen Folge warmer Sonnentage hat mich Hölderlins Gedicht begleitet. Auf meinen Spaziergängen durch die Streuobstwiesen fühlte ich mich wie im Paradies. Und dennoch waren hinter der herzerwärmenden Schönheit Abgründe zu erahnen.

So angenehm wie die warme Sonne im Oktober war, weckte sie doch auch die Erinnerung an die Hitzewelle im Sommer, die braunen Felder im Rheintal und im Nordosten Deutschlands, die schlechte Ernte bei Getreide und Gemüse. Noch im Herbst fehlte der Regen in der Natur. Die Jahreszeit erinnerte mich auch an das vorige Jahr, als die Bäume im Spätsommer keine Früchte trugen, da die Blüten durch eine späte Frostperiode im Frühjahr 2017 zerstört worden waren. Es war ein unheimlicher und beängstigender Anblick. Angesichts dieser Bilder, die erfahrbar machen, dass die Ursache nicht eine einmalige, wetterbedingte Naturkatastrophe, sondern der fortschreitende Klimawandel ist, scheint eine unwirtlichere Realität auch für uns Deutsche und Westeuropäer unheimlich im Hintergrund auf.

Und auch gesellschaftlich ist der Winter zu spüren. Hass und Hetze haben sich lautstark einen Platz im öffentlichen

Raum erobert, aber sie finden auch einen fruchtbaren Boden in sozialer Ungleichheit, prekären Arbeitsverhältnissen und überhöhten Mietpreisen. Dies hat zu einer Entfremdung von der Mitte der Gesellschaft geführt, deren Folgen noch nicht absehbar sind.

In den wohlhabenderen Schichten unserer westlichen Gesellschaften erscheint, wie in Hölderlins Gedicht, die Fülle des Lebens als Wirklichkeit und das Schreckensszenario als das, was auch eintreten kann.

IV

Stürmische Zeiten - *Eingehüllt in graue Wolken*

Eingehüllt in graue Wolken,
Schlafen jetzt die großen Götter,
Und ich höre, wie sie schnarchen,
Und wir haben wildes Wetter.

Wildes Wetter! Sturmeswüten
Will das arme Schiff zerschellen -
Ach, wer zügelt diese Winde
Und die herrenlosen Wellen!

Kanns nicht hindern, daß es stürmet,
Daß da dröhnen Mast und Bretter,
Und ich hüll mich in den Mantel,
Um zu schlafen wie die Götter.

Heinrich Heine, *Nachgelesene Gedichte* (1812-27)

In der griechischen Mythologie leben, lieben und streiten sich die Götter wie die Menschen, und was sie tun oder
unterlassen hat eine Wirkung in der Welt. In Heines Gedicht schlafen sie, und ein heftiger Sturm kommt auf. Nur
die Götter könnten ihn besänftigen, den Winden und Wellen befehlen, aber sie nehmen nicht wahr was passiert.

Auch der Sprecher hüllt sich am Ende in seinen Mantel ein und legt sich schlafen. Er tut es also den Göttern gleich.

In der zweiten Strophe macht die Steigerung von 'Wildes Wetter' zu 'Sturmeswüten', gefolgt von der Wehklage 'Ach!' und dem Ruf nach Führung 'wer zügelt diese Winde [...]', die Dramatik des Geschehens spürbar. Das Verhalten des Sprechers, dass er sich trotzdem hinlegt, verweist jedoch auf seine innere Distanz. Mit diesem Schlussbild vor Augen erhalten die Verse 'Ach, wer zügelt diese Winde/Und die herrenlosen Wellen!' nachträglich einen ironischen Unterton. Der Sprecher ist sich bewusst, dass keine wunderbare Rettung erfolgen wird.

Heines Interesse am Zeitgeschehen legt eine allegorische Deutung des Geschehens nahe.[11] Nach dem Wiener Kongress 1815 begann eine Phase der Restauration auf

---

[11] Ich verwende im Folgenden Maureen Quilligans Terminologie zur Analyse von allegorischen Texten. Sie unterscheidet zwischen dem sogenannten Initialtext mit seiner initialen Bedeutung und der allegorischen Deutung des Texts. Die initiale Bedeutung ist das, was der Text dem ersten Anschein nach sagt, die allegorische das, was er zusätzlich noch und eigentlich meint. Quilligan, Maureen *The Language of Allegory: Defining the Genre*, Ithaca, NY [u.a.]: Cornell Univ. Pr., 1979 erklärt in Gerhard Kurz, *Metapher, Allegorie, Symbol*, Göttingen: Vandenhoeck, 6. Auflage, 1982/2009, 44.

dem europäischen Kontinent, in der die absolute Monarchie wieder hergestellt werden sollte. Dazu wurden Reformen rückgängig gemacht und Freiheitsbestrebungen mit Hilfe der Polizei und durch Zensur unterdrückt.[12] Die Götter in Heines Gedicht entsprechen den Fürsten und Königen des 19. Jahrhunderts, das Schiff dem Staat und der Gesellschaft der damaligen Zeit. Der Sturm ist eine Metapher für die herbeigesehnte Revolution des Volks, die zu einem freiheitlich-demokratischen Verfassungsstaat führen sollte.

Das Verhältnis von Fürsten, Gesellschaftsordnung und revoltierendem Volk der allegorischen Deutung unterscheidet sich jedoch von dem zwischen den Göttern, dem Schiff und dem Sturm, welches der offensichtliche Gegenstand des Erzählens, seine initiale Bedeutung, ist. Während die Macht der Götter unangreifbar ist, steht die Macht der Fürsten auf dem Spiel, und sie können es sich

---

[12] Rolf Hosfeld, *Heinrich Heine. Die Erfindung des europäischen Intellektuellen*, München: Siedler Verlag, 2014, 53.

-30-

eigentlich nicht leisten zu schlafen, das heißt, die Unzufriedenheit zu ignorieren und die Liberalisierung auf unbestimmte Zeit zu verschieben. Dieser Unterschied zwischen initialer und allegorischer Ebene ist ein Ironiesignal, das Kritik impliziert.

Anders als die Fürsten hat der Sprecher keinen Einfluss auf den Gang der Geschichte ('kanns nicht hindern, daß es stürmet', 3. Strophe), die Revolution wird so oder so ihren Lauf nehmen. Wenn er sich in seinen Mantel einhüllt und sich hinlegt, ist das eine Geste, die ihm der gesellschaftlichen Hierarchie nach eigentlich nicht zusteht. Er nimmt trotz seiner Machtlosigkeit die Rolle der Götter ein. Auch wenn er dem Sturm weiterhin ausgesetzt ist und verletzlich bleibt, hat der Sprecher als einfacher Mensch hier mehr Freiheit als der Fürst, was wiederum eine ironische Diskrepanz ist. Sie weist einerseits auf das Ausgeliefertsein des einzelnen Bürgers hin, andererseits auf die Möglichkeit durch gelassenes Abwarten wenigstens innere Freiheit zu leben.

Es bietet sich an, den Sprecher als Persona des Dichters Heine zu interpretieren, der Gesellschaft und Politik im damaligen Deutschland beobachtete und kommentierte. Auch wenn sich das Gedicht nicht explizit auf die zeitgenössischen Verhältnisse bezieht, verbirgt der initiale Text nur auf den ersten Blick die für Zeitgenossen leicht erschließbare allegorische Deutung und damit die Ironie und die indirekte Kritik am politischen System. Sowohl die Darstellungsweise der Allegorie als auch das Stilmittel der Ironie können damit als Schutzmantel des Autors betrachtet werden, in den er sein Gedicht und sich selbst einhüllt. Beide sind Verteidigungsstrategien gegen den Zugriff der Zensurbehörden. [13]

---

[13] Ein Beispiel für den Gebrauch von Ironie in einer Situation extremer politischer Unterdrückung sind auch die Werke Dmitrij Schostakowitschs. In seiner fiktionalen Biographie des Komponisten schreibt Julian Barnes zur Funktion von Ironie:
'All his life he had relied on irony. He imagined that the trait had been born in the usual place. In the gap between how we imagine, or suppose, or hope life will turn out, and the way it actually does. So irony becomes a defence of the self and the soul, it lets you breathe on a day-to-day basis.' *The Noise of Time*, Chapter 3.

Während das Gedicht in verhüllter Form, also nur indirekt, Kritik zum Ausdruck bringt, verbarg Heine in vielen seiner Schriften seine Haltung nicht. Sein Schreiben richtete sich gegen den autoritären Regierungsstil der Fürsten des Deutschen Bundes, die nach dem Hambacher Fest 1832 die staatlichen Repressionen noch verschärften. Er sprach sich für einen liberal-demokratischen Verfassungsstaat aus, nahm aber eine kritische Distanz zu den radikalen Republikanern wie Ludwig Börne ein.[14] Ausschreitungen gegen Juden, die Zensur und das Erstarken antiliberaler christlicher Kräfte in Deutschland veranlassten Heine 1831 nach Frankreich auszuwandern, wo er bis zu seinem Tod lebte.[15]

Was Revolution für die Aufständischen bedeuten kann, erfuhr Heine, der in der Zeit des Bürgerkönigtums in Frankreich nach der Julirevolution von 1830 nach Deutschland berichtete, als Demonstrationen gegen die Julimonarchie in der Folge der Cholera-Epidemie von

---

[14] Rolf Hosfeld, *Heinrich Heine*, 278
[15] Hosfeld, 224-6.

1832 von Regierungstruppen brutal niedergeschlagen wurden.[16]

Einerseits war er als wohlhabender Exilant, der in den Salons des gehobenen Bürgertums verkehrte, in einen schützenden Mantel eingehüllt, andererseits setzte er sich mit seinen kritischen Schriften scharfen Gegenangriffen christlich-konservativer Autoren aus. Unter anderem unternahm er es, den Franzosen Deutschland zu erklären und den Deutschen Frankreich, welches als Vorbild für freiheitliche Gesinnung galt, aber gerade deswegen im Deutschland der damaligen Zeit als Feindbild herhalten musste, so dass Hass auf die Franzosen weit verbreitet war.

Verletzlich war Heine auch aufgrund seiner Herkunft. Als Jude war er in Deutschland sowohl Diskriminierungen als auch antisemitischen Beleidigungen ausgesetzt. Sowohl als Jugendlicher in Düsseldorf 1819 als auch als Erwachsener in Hamburg 1830 erlebte er antijüdische

---

[16] Hosfeld, 272.

Ausschreitungen.[17] Letztere waren mit ein Grund für sein selbstgewähltes Exil. Trotz seines politischen Engagements betrachtete sich Heine als unabhängigen Künstler, der sich nicht in den Dienst einer bestimmten Sache stellte.[18]

Neben dem Bezug auf die politische Situation seiner Zeit lässt sich Heines Gedicht allgemein als Kritik an Regierungen verstehen, die sich notwendigen, dringenden Reformen verweigern. Mit der Zeit führt die Blockade zu einem Reformstau von immer höherer Dringlichkeit, wodurch gesellschaftliche Spannungen verschärft werden und Protestbewegungen entstehen. Das jüngste Beispiel sind die Proteste gegen die Polizeigewalt gegen Afroamerikaner und gegen systemische Diskriminierung und Rassismus in den USA.

Weltweit hat die Untätigkeit der Regierungen in Bezug auf den voranschreitenden Klimawandel gerade bei der jungen Generation Proteste ausgelöst, die im Verlauf des

---

[17] Hosfeld, 48 und 224
[18] Hosfeld, 253.

-35-

Jahres 2019 an Stärke zugenommen haben. Jedoch gab es bis Anfang 2020 international noch kaum verbindliche Zusagen, wie die zur Einschränkung der Klimaerwärmung dringend notwendigen Maßnahmen umgesetzt werden sollen. Es ist zu befürchten, dass die Corona-Pandemie die Bekämpfung des Klimawandels weiter stark verzögert. In Bezug auf den Klimawandel schlafen die Regierungschefs weltweit und auch viele Bürger wollen damit nicht belästigt werden. Ein böses Erwachen für alle steht bevor.

V

Seelenzauber mit finsteren Konsequenzen
‚Der Lindenbaum' in *Der Zauberberg*

Am Brunnen vor dem Tore
Da steht ein Lindenbaum;
Ich träumt in seinem Schatten
So manchen süßen Traum.

Ich schnitt in seine Rinde
So manches liebe Wort.
Es zog in Freud und Leide
Zu ihm mich immer fort.

Ich mußt auch heute wandern
Vorbei in tiefer Nacht,
Da hab ich noch im Dunkel
Die Augen zugemacht.

Und seine Zweige rauschten,
Als riefen sie mir zu:
Komm her zu mir, Geselle
Hier findst du deine Ruh!

Die kalten Winde bliesen
Mir grad ins Angesicht,
Der Hut flog mir vom Kopfe,
Ich wendete mich nicht.

Nun bin ich manche Stunde
Entfernt von jenem Ort,
Und immer hör ich's rauschen:
Du fändest Ruhe dort!'

Wilhelm Müller, 1823.[19]

Ein Grammophon, eine sensationelle Neuanschaffung im Sanatorium Haus Berghof in Davos, wo der Protagonist Hans Castorp sieben Jahre verbringt, ermöglicht es den Patienten Musik zu hören, die nicht von Musikern live vorgetragen wird. Die Faszination, von der er dabei ergriffen wird, ist der Anlass für den Erzähler, fünf seiner Lieblingstücke zu besprechen, ausgehend von ihrer Wirkung auf den Protagonisten. ‚Der Lindenbaum' aus dem Liederzyklus *Winterreise* von Franz Schubert nach Gedichten von Wilhelm Müller ist das letzte in dieser Reihe.[20]

Wir wollen es so stellen: Ein geistiger, das heißt ein bedeutender Gegenstand ist eben dadurch ‚bedeutend', daß er über sich

---

[19] Deutsche Gedichte. Eine Anthologie. Reclam, 2002, 171.
[20] *Winterreise.* Liederzyklus nach Gedichten von Wilhelm Müller, D911/op.89 (1827).

hinausweist, daß er Ausdruck und Exponent eines Geistig-Allgemeinen ist, einer ganzen Gefühls- und Gesinnungswelt, welche in ihm ihr mehr oder weniger vollkommenes Sinnbild gefunden hat, - wonach sich denn der Grad seiner Bedeutung bemißt. Ferner ist die Liebe zu einem solchen Gegenstand ebenfalls und selbst ,bedeutend'. Sie sagt etwas aus über den, der sie hegt, sie kennzeichnet sein Verhältnis zu jenem Allgemeinen, jener Welt, die der Gegenstand vertritt, und die in ihm, bewußt oder unbewußt, mitgeliebt wird. [...]

Welches war diese dahinter stehende Welt, die seiner Gewissensahnung zufolge eine Welt verbotener Liebe sein sollte?

Es war der Tod.

Aber das war ja erklärter Wahnsinn! Ein so wunderherrliches Lied! Reines Meisterwerk, geboren aus letzten und heiligsten Tiefen des Volksgemüts; ein höchster Besitz, das Urbild des Innigen, die Liebenswürdigkeit selbst! Welch häßliche Verunglimpfung!

Ei ja, ja, ja, das war recht schön, so mußte wohl jeder Redliche sprechen. Und dennoch stand hinter diesem holden Produkte der Tod. Es unterhielt Beziehungen zu ihm, die man lieben mochte, aber nicht ohne sich von einer bestimmten Unerlaubtheit solcher Liebe ahnungsvoll-regierungsweise Rechenschaft zu geben. Es mochte seinem eigenen ursprünglichen Wesen nach nicht Sympathie mit dem Tode, sondern etwas sehr Volkstümlich-Lebensvolles sein, aber die geistige Sympathie damit war Sympathie mit dem Tode, - lautere Frömmigkeit, das Sinnige selbst an ihrem Anfang, das sollte auch nicht aufs Leiseste bestritten werden; aber in ihrer Folge lagen Ergebnisse der Finsternis.

Was redete er sich da ein! – Er hätte es sich von euch nicht ausreden lassen. Ergebnisse der Finsternis. Finstere Ergebnisse. Folterknechtssinn und Menschenfeindlichkeit in spanischem Schwarz mit der Tellerkrause und Lust statt Liebe – als Ergebnis treublickender Frömmigkeit. [...]

Wie denn nun aber! Hans Castorps holdes Heimwehlied, die Gemütssphäre, der es angehörte, und die Liebesneigung zu dieser Sphäre sollten – ‚krank‘ sein? Mitnichten! Sie waren das Gemütlich-Gesundeste auf der Welt. Allein das war eine Frucht, die frisch und prangend gesund diesen Augenblick oder eben noch, außerordentlich zu Zersetzung und Fäulnis neigte, und, reinste Labung des Gemütes, wenn sie im rechten Augenblicke genossen wurde, vom nächsten unrechten Augenblicke an Fäulnis und Verderben in der genießenden Menschheit verbreitete. Es war eine Lebensfrucht, vom Tode gezeugt und todesträchtig. Es war ein Wunder der Seele, - das höchste vielleicht vor dem Angesicht gewissenloser Schönheit und gesegnet von ihr, jedoch mit Mißtrauen betrachtet aus triftigen Gründen vom Auge verantwortlich regierender Lebensfreundschaft, der Liebe zum Organischen, und Gegenstand der Selbstüberwindung nach letztgültigem Gewissensspruch.

Ja, Selbstüberwindung, das mochte wohl das Wesen der Überwindung dieser Liebe sein, - dieses Seelenzaubers mit finsteren Konsequenzen![21]

---

[21] Thomas Mann, *Der Zauberberg*. Frankfurt am Main, S. Fischer Verlag, 4. Auflage,2018, 7. Kapitel ‚Fülle des Wohllauts‘, 987-990. Empfehlenswert und eigentlich am schönsten ist es, sich den *Zauberberg* vorlesen zu lassen, z.B. von Gert Westphal, Audio CD Album von Deutsche Grammophon. Der Romanauszug befindet sich am Beginn von CD 14.

Der Erzähler stellt das Lied ausdrücklich in den Zusammenhang des den Roman durchziehenden Disputs zwischen Settembrini und Naphta, Vertretern entgegengesetzter Weltanschauungen, die sich um Hans Castorps Aufmerksamkeit und Zustimmung bemühen. Dabei spielen ihre Auffassungen von Freiheit und Wahrheit eine zentrale Rolle.

Freiheit

Settembrinis Ideal ist die liberale bürgerliche Demokratie, die auf einer Trennung von Kirche und Staat gründet, wobei das Zusammenleben in der Gesellschaft von Vernunft geleitet und an Werten orientiert ist. Für ihn bedeutet Freiheit individuelle Freiheit innerhalb der Grenzen des Rechtsstaats. Sie wird durch Menschen- und Bürgerrechte definiert und geschützt und stößt an Grenzen, wenn das Individuum persönliche Interessen gegen die gesellschaftlichen Werte und Normen durchsetzen möchte oder gar Gesetze bricht (602).

Naphta, der aus einer jüdischen Familie stammt und als junger Mann dem katholischen Orden der Jesuiten beitrat, kritisiert den bürgerlichen Humanismus Settembrinis. Gesellschaftliche Grundwerte bezeichnet er verächtlich als ‚Moral' und ‚Tugend'. Nach seiner Auffassung hat die Kirche Vorrang vor dem Staat, denn sie ist ‚göttliche Stiftung' (605). Der Machtanspruch der Kirche in einem Gottesstaat stehe zwar im Widerspruch zum Ideal des Weltverzichts, legitimiere sich aber durch das übergreifende religiöse Ziel, dem alles unterzuordnen sei.

Aber der Dualismus von Gut und Böse, von Jenseits und Diesseits, Geist und Macht muß, wenn das Reich kommen soll, vorübergehend aufgehoben werden in einem Prinzip, das Askese und Herrschaft vereinigt. Das ist es, was ich die Notwendigkeit des Terrors nenne. (607)

Der Gottesstaat ist gleichbedeutend mit Gewaltherrschaft. Seine Instrumente schließen körperliche Strafen und Folter ein.

Für Naphta liegt die Freiheit allein ‚im Geistigen', das heißt, sie wird durch die Abwendung von allem Weltlichen erlangt. In seinem dualistischen Weltbild streitet der

Teufel in Form der Verlockungen des Sinnlichen, Körperlichen mit Gott um die menschliche Seele (601). Es gilt durch Askese den widerständigen Körper zu bezwingen und dadurch die Seele zu retten. Dies geht so weit, dass das Erleiden körperlicher Qualen bis zur Selbstgeißelung als etwas Positives, als eine Form der Buße angesehen wird (686).[22] So ist es auch zu erklären, dass Krankheit als ein wünschenswerter Zustand gilt und Kranke verehrt werden. Das Märtyrertum, das qualvolle Leiden und Sterben im Dienst des Glaubens, wird als wahre Vornehmheit verherrlicht.

Naphta äußert sich verächtlich über Settembrinis Ideal eines sicheren bürgerlichen Lebens. Die menschliche Würde bestehe stattdessen in der Unterordnung, dem sich Hingeben an und Aufopfern für ein höheres Ziel, sei es die Religion, die Nation oder eine Ideologie. Selbstbewusst

---

[22] Naphta bezieht sich auf eine mittelalterliche Praxis: ‚Bereits in den 1260er Jahren, besonders aber infolge der Pest 1348/49 kam es im ganzen Reich [Heiliges Römisches Reich) zu großen Geißlerzügen. Zur Buße ihrer Sünden und in Nachfolge des Vorbilds Christi verübten die an diesen Zügen teilnehmenden Laien ritualisierte Selbstgeißelungen.' www.historisches-lexikon-bayerns.de/Lexikon/Geißlerzüge, 17.10.2019

vertraut er auf die paradox scheinende Anziehungskraft des von ihm befürworteten Terrorregimes.

Zuletzt bedeutet es ein liebloses Mißverstehen der Jugend, zu glauben, sie finde ihre Lust in der Freiheit. Ihre tiefste Lust ist im Gehorsam [...]. Nicht Befreiung und Entfaltung des Ich sind das Geheimnis und das Gebot der Zeit. Was sie braucht, wonach sie verlangt, was sie sich schaffen wird, das ist – der Terror. (603-4)

Anstatt gegen Unterdrückung und Gewaltherrschaft zu rebellieren, sehne sich die Jugend nach Zwang und Unterwerfung.

Naphta behauptet, dass es nur in seinem System wahre Individualität gäbe, da das Zusammenleben nicht durch Werte geordnet und daher jeder Einzelne auf sich selbst gestellt ist. Das Aufgehen in einer überpersönlichen Bestimmung, wobei die Grenzen zwischen den Individuen aufgehoben werden, wird als Befreiung wahrgenommen.

Die beiden Kontrahenten unterscheiden sich damit wesentlich in ihrem Verständnis von Freiheit. Für Settembrini ist sie die Entscheidungs- und Gestaltungsfreiheit des Individuums, für Naphta liegt sie in der Befreiung von der

Last ein Individuum sein zu müssen und wird durch Askese und Unterordnung erreicht.

In ihrem Bemühen, Hans Castorp, das Sorgenkind des Lebens, von der jeweils eigenen Position zu überzeugen, ringen Settembrini und Naphta noch um manchen anderen zentralen Begriff, und besonders aufschlussreich ist das unterschiedliche Wahrheitsverständnis.

Wahrheit

Settembrinis Wahrheitsbegriff wurzelt in der Renaissance und der Aufklärung. In der Renaissance entstanden die modernen Naturwissenschaften mit ihrer Methode, Hypothesen durch Beobachtungen und Messungen in der Natur und in Experimenten zu bestätigen oder zu widerlegen und dadurch nachprüfbare Ergebnisse zu erzielen. Im 18. Jahrhundert, im Zeitalter der Aufklärung, das den Menschen als ein Wesen beschrieben hat, dessen Handeln von Vernunft geleitet ist, waren sie Vorbild und Instrument der Erkenntnis.[23]

In der Auseinandersetzung mit Naphta vertritt Settembrini die Ideen der Aufklärung. Er hat es sich zur Aufgabe gemacht, den menschlichen Fortschritt, die Verbesserung der Lebensverhältnisse durch Demokratie, Menschenrechte, Bildung und moderne Technologie weiter voranzubringen. Dazu bedarf es eines gesellschaftlichen Konsenses darüber, dass die Wahrheit mit wissenschaftlichen Methoden ermittelt werden kann:

Glauben Sie an eine Wahrheit, an die objektive, die wissenschaftliche Wahrheit, der nachzustreben oberstes Gesetz aller Sittlichkeit ist, und deren Triumphe über die Autorität die Ruhmesgeschichte des Menschengeistes bilden?! (600)

Nur wenn weitgehende Übereinstimmung darüber herrscht, was als wahr gelten kann, können Konventionen hinterfragt und Reformen angestoßen werden. Dabei werden auch gegenwärtige Hierarchien und Privilegien nicht

---

[23] Lothar Schäfer, ‚Über die Wissenschaft als Muster und als Mittel von Aufklärung', *Acta Historica Leopoldina*, Nr. 57, 9-23, www.leopoldina.org/uploads/tx_leopublication/Probekapitel_AHL57.pdf

verschont, und Autoritäten, wie die Kirche und der Staat, können zur Verantwortung gezogen werden.

Wahrheit und Gerechtigkeit sind Kronjuwelen individueller Sittlichkeit, und im Fall des Konflikts mit dem Staatsinteresse mögen sie wohl sogar den Anschein staatsfeindlicher Mächte gewinnen, während sie in der Tat das höhere, sagen wir es doch: das überirdische Wohl des Staates im Auge haben. (602)

Während Settembrini die Befreiung des Menschen durch wissenschaftliche Erkenntnisse hervorhebt - ‚Die Wahrheit, mein Herr, die mit der Freiheit so innig verbunden ist [...]‘, (599) - gibt es für Naphta keine von der Weltanschauung unabhängige Wahrheit.

Guter Freund, es gibt keine reine Erkenntnis. Die Rechtmäßigkeit der kirchlichen Wissenschaftslehre, die sich in Augustins Satz ‚Ich glaube, damit ich erkenne‘ zusammenfassen läßt, ist völlig unbestreitbar. Der Glaube ist das Organ der Erkenntnis und der Intellekt sekundär. Ihre voraussetzungslose Wissenschaft ist eine Mythe. Ein Glaube, eine Weltanschauung, eine Idee, kurz: ein Wille ist regelmäßig vorhanden, und Sache der Vernunft ist es, ihn zu erörtern, ihn zu beweisen.‘ (599)

Naphtas Behauptung ‚[…] es gibt keine reine Erkenntnis' verweist auf Nietzsches Beschreibung der Abhängigkeit von Wahrnehmung und Erkenntnis vom Standpunkt des Betrachters, zum Beispiel von sozialen, kulturellen und biographischen Faktoren, wobei sich die Ansichten verschiedener Betrachter zu einem differenzierten Bild von einem Gegenstand ergänzen.[24]

Naphta ist jedoch nicht daran interessiert, ein komplexes Bild der Wirklichkeit zu erhalten. Im Gegenteil, für ihn geht der Glaube der Erkenntnis voraus und legt fest, was als wahr gilt. So müsse das wissenschaftlich belegte heliozentrische Weltbild letztlich dem widerlegten geozentrischen weichen, um den Menschen und Gott wieder in die ihnen zustehenden Positionen im Kosmos einzusetzen. Nur dieses widerspiegle, dass die Bestimmung des Menschen jenseits seiner individuellen Existenz liegt (598).

---

[24] ‚Es giebt nur ein perspektivisches Sehen, nur ein perspektivisches 'Erkennen''. Friedrich Nietzsche, *Genealogie der Moral: Eine Streitschrift*, 1887, GM III 12, Reclam, 2000, 118. Michael Tanner, *Nietzsche*. Aus dem Englischen von Andrea Bollinger. Freiburg: Herder, 2004, 94.

Trotz des modernen, freidenkerischen Anstrichs, den Naphta seinem Philosophieren gibt, ist sein Weltbild also fest im Mittelalter verankert, was durch eine Skulptur in seinem Zimmer, eine gotische Pietà aus dem 14. Jahrhundert, symbolisiert wird (592).[25] Naturwissenschaftliche Erkenntnisse haben für ihn keine Bedeutung, und die Vernunft hat nur die Aufgabe, die Glaubenssätze zu rechtfertigen.

,Der Glaube ist das Organ der Erkenntnis und der Intellekt sekundär. Ihre voraussetzungslose Wissenschaft ist eine Mythe. Ein Glaube, eine Weltanschauung, eine Idee, kurz: ein Wille ist regelmäßig vorhanden, und Sache der Vernunft ist es, ihn zu erörtern, ihn zu beweisen.' (599)

Die Subjektivität, die beliebige Interpretationen zulässt und sich nicht mehr an Fakten orientiert, führt in letzter Konsequenz zu einem radikalen Relativismus.[26]

---

[25] Eine Pietá ist eine Skulptur der Gottesmutter Maria mit dem über ihren Schoß gelegten toten Jesus. Im *Zauberberg* ist sie nicht nur ein Hinweis darauf, wo Naphtas Weltanschauung zu verorten ist, sondern sie ist als allegorische Darstellung des Schmerzes, ihres zentralen Elements, auch ein Symbol für sie.
[26] Erich Fromm beschreibt diese Argumentationsstrategie und ihre Gefahren in *Die Furcht vor der Freiheit* (1941), Kapitel 7 ,Freiheit und Demokratie'. ,Ein anderer, eng damit verwandter Weg, dem Menschen den Mut zum eigenständigen Denken zu nehmen, läuft darauf hinaus, dass man alle Wahrheit

Geht man so wie Naphta davon aus, dass es keine verbindlichen Kriterien zur Einschätzung des Wahrheitsgehalts von Aussagen gibt, ist die Bühne frei für die Verbreitung von gefährlichem Unsinn und von radikalem Gedankengut. Auch er missbraucht die Einsicht in die grundsätzliche Subjektivität der Wahrnehmung, um seine Weltanschauung zu legitimieren, ähnlich wie dies heute rechtspopulistische und -extremistische Gruppierungen tun, wenn sie in der öffentlichen Diskussion um Anerkennung für ihre Ansichten werben. So kommt es zu dem Paradoxon, dass gerade die, die die Meinungsvielfalt in letzter Konsequenz abschaffen wollen, sie am schärfsten einfordern.

---

als relativ auffasst. Man stellt die Wahrheit als einen metaphysischen Begriff hin, und wenn jemand sagt, es gehe darum, die Wahrheit zu ergründen, dann halten ihn die ‚progressiven' Denker unserer Zeit für rückständig. Man erklärt die Wahrheit zu einer durchaus subjektiven Angelegenheit; ja fast zu einer Geschmackssache.'

Dem höheren Gedanken ohne Federlesen geopfert[27]

Wenn die Gemeinschaft in einer Kultur bis zu einem gewissen Grad über den Interessen des Einzelnen steht, ist das nicht an sich schon schädlich, sondern kann, abhängig von den genauen Umständen, gewinnbringend für beide Seiten sein. In Naphtas Welt gilt jedoch das absolute Primat der Glaubensgemeinschaft. Krankheit, Folter und Selbstaufopferung geben den Menschen erst ihre Würde.

Er [Naphta] machte sich lustig über die Blutscheu und die Lebensverehrung des Menschenfreundes, behauptete, daß diese Verehrung des Einzellebens nur den allerplattesten bürgerlichen Regenschirmzeitläuften zugehöre, daß aber unter leidlich leidenschaftlichen Umständen, sobald eine einzige Idee, die über die der ‚Sicherheit' hinausgehe, irgend etwas Überpersönliches, Überindividuelles also, im Spiele sei – und das sei der allein menschenwürdige, im höheren Sinne folglich der normale Zustand – allezeit das Einzelleben nicht nur dem höheren Gedanken ohne Federlesen geopfert, sondern auch freiwillig, vom Individuum aus, unbedenklich in die Schanze geschlagen werden würde. (694)

---

[27] Zitat aus *Der Zauberberg*, ‚Operationes Spiritualis', 695.

Für Erich Fromm ist ein solches Verständnis von Opferbereitschaft ein zentrales Kriterium für faschistisches Denken.

Dort [im Faschismus] ist das Opfer nicht der höchste Preis den der Mensch unter Umständen zahlen muss, um sein Selbst zu behaupten, sondern es ist Selbstzweck. Dieses masochistische Opfer sieht die Erfüllung des Lebens in dessen Negierung, in der Auslöschung des Selbst. Diese Art des Opfers ist nur höchster Ausdruck dessen, was der Faschismus in allen seinen Abarten erreichen möchte - die Vernichtung des individuellen Selbst und seine völlige Unterordnung unter eine höhere Macht.
Erich Fromm, *Die Furcht vor der Freiheit* (1941), Kapitel 7.

Die Geschichte des Begriffs ‚Faschismus' weist auf die Bedeutungslosigkeit des Individuums in faschistischen Organisationen und Staaten hin.

Das Wort 'Faschismus' kommt vom lateinischen 'fascis' und bedeutet Rutenbündel. [...] Eine einzelne Rute ist sehr schwach und kann leicht auseinanderbrechen. Wenn man jedoch viele Ruten zu einem Bündel zusammenbindet, ist es fast unmöglich, sie zu brechen. Dies bedeutet dass das Individuum für sich nicht zählt, aber dass es als Teil einer Gemeinschaft sehr mächtig sein kann. Faschisten stellen daher das Interesse

der Gemeinschaft über das des Individuums, [...].
Harari, 340-342.[28]

Die politische Rhetorik, vor der Harari warnt, gehört auch zum Kern von Naphtas Ausführungen, obwohl bei letzterem nicht die Nation der Kultgegenstand ist.[29]

Die vier Wörter Opfer, Ewigkeit, Reinheit und Erlösung soll-
ten ein Alarmsignal sein und sind Anlass zur Vorsicht. Wenn
Sie in einem Land leben, dessen Präsident ständig Dinge sagt
wie 'Ihr Opfer wird die Reinheit unserer ewigen Nation wie-
der herstellen' – dann stecken Sie in der Klemme.
Harari, 358

---

[28] Meine Übersetzung. Der Titel der deutschen Übersetzung des Buchs lautet: Yuval Noah Harari 21 *Lektionen für das 21. Jahrhundert*, 2018. Hararis Quelle ist Richard Griffiths, *Fascism* (London: Continuum, 2005), 33. In diesem Zusammenhang ist es wichtig auf Meinungsverschiedenheiten bezüglich der Definition von Faschismus hinzuweisen, in die die Debatte unter www.deutschlandfunkkultur.de/debatte-der-umstrittene-begriff-faschismus.976.de.html?dram:article_id=392044 26.7.2017, einen Einblick geben kann. Während der Historiker Christof Dipper den Begriff streng historisch sieht, seine Anwendung also an die erste Hälfte des 20. Jahrhunderts, die Nationalsozialisten in Deutschland und die Faschisten in Italien bindet, arbeitet seine Kollegin Sibylle Steinbacher Charakteristika des Faschismus heraus, die es ermöglichen, Vergleiche zu historisch früheren oder späteren Bewegungen und Ideologien zu ziehen und auch faschistische Tendenzen in aktuellen Entwicklungen und Gruppierungen zu identifizieren und klar zu benennen.

[29] Die Entwicklungen der letzten zwei Jahrzehnte haben gezeigt, dass der religiöse Fundamentalismus ein Nährboden für faschistische Organisationen sein kann, zum Beispiel jihadistische Organisationen wie Al Quaida oder der Islamische Staat. Natürlich ist diese Beobachtung nicht auf den Islamismus begrenzt.

Auch der konservative geprägte Nationalismus der Wilhelminischen Epoche[30] beschwor schon die Opferbereitschaft im Namen einer Volksgemeinschaft, der man durch seine Abstammung zugehörte oder nicht.

Die Nation, die sich im Denkmal [Völkerschlachtdenkmal in Leipzig] *mit sich selbst identifizieren soll, ist nicht mehr Kultur- und Glaubensgemeinschaft, sondern Kampf-, Schicksals und Opfergemeinschaft; [...] sie ist im Mythos der Innerlichkeit und der – antisozialistisch gerichteten – Solidarität zusammengefaßte Nation.* Thomas Nipperdey, S. 143 f.[31]

Naphtas Denken hat seine Wurzeln also einerseits im Mittelalter, weist aber auch Entsprechungen zum konservativen Nationalismus der Wilhelminischen Epoche und zu dem in den 20er Jahren des 20. Jahrhunderts aufgekommenen Faschismus auf.

---

[30] Die Wilhelminische Epoche (1890–1914) ist die Regierungszeit Kaiser Wilhelms II. bis zum ersten Weltkrieg. de.wikipedia.org/wiki/Wilhelminismus
[31] Thomas Nipperdey, ‚Nationalidee und Nationaldenkmal in Deutschland im 19 Jahrhundert', in: ders., Gesellschaft, Kultur, Theorie. Gesammelte Aufsätze zur neueren Geschichte, Göttingen 1976. Zitiert in Heinrich August Winkler, *Der lange Weg nach Westen, Deutsche Geschichte I. Vom Ende des Alten Reiches bis zum Untergang der Weimarer Republik.* München: C.H. Beck, 2000, 324.

Thomas Mann baute in Naphtas Weltbild zusätzlich passende Elemente des Kommunismus ein, wie er nach 1917 in Russland umgesetzt wurde. Möglicherweise steht die Theokratie Naphtas für Gewaltherrschaft im Allgemeinen. Wie Hannah Arendt gezeigt hat, bestehen Analogien zwischen verschiedenen totalitären Bewegungen und Staaten unabhängig von ihrer Ideologie.[32]

Tiefland und Gebirge

Die durch Naphta und Settembrini skizzierten Weltanschauungen werden im Roman auch Lebensbereichen des wilhelminischen Deutschlands zugeordnet, und sie entsprechen gegnerischen Positionen in der zeitgenössischen politischen Diskussion. Hans Castorp selbst ist ein Jedermann, der sie beobachtet und zwischen ihnen hin- und hergerissen ist. Der Erzähler des *Zauberberg* weist ausdrücklich auf diese allegorische Dimension hin.

---

[32] Hannah Arendt, *Elemente und Ursprünge totaler Herrschaft. Antisemitismus. Imperialismus, totale Herrschaft,* 13. Auflage 2009, (1951,1973).

Hans Castorp war weder ein Genie noch ein Dummkopf, und wenn wir das Wort ‚mittelmäßig' zu seiner Kennzeichnung vermeiden, so geschieht es aus Gründen, die nicht mit seiner Intelligenz und kaum etwas mit seiner schlichten Person überhaupt zu tun haben, nämlich aus Achtung vor seinem Schicksal, dem wir eine gewisse überpersönliche Bedeutung zuzuschreiben geneigt sind [...]. Der Mensch lebt nicht nur sein persönliches Leben als Einzelwesen, sondern, bewußt oder unbewußt, auch das seiner Epoche und Zeitgenossenschaft. (53)

Settembrini fühlt sich zum Norddeutschen Tiefland, der Heimatregion Hans Castorps, hingezogen, die von Industrie und Handel, vom Arbeits- und Geschäftsleben geprägt ist. Seine Wertschätzung für Hans Castorp steigt, als er erfährt, dass dieser von Beruf Schiffsbauingenieur ist. Als Hans Castorp in Davos ankommt, nimmt er das Buch *Ocean Steamships* zur Liegekur mit und kann noch für Projekte wie die Elbregulierung schwärmen, ein Beispiel für den menschlichen und technologischen Fortschritt, für den sich Settembrini begeistert.

Das Sanatorium ist eine dekadente Gegenwelt zur bürgerlichen Gesellschaft des Norddeutschen Tieflands. Dies ist auch eine Anspielung auf den mit Künstlern der Jahrhundertwende vom 19. zum 20. Jahrhundert assoziierten Lebensstil. Gleichzeitig ist das Leben im Sanatorium über den hohen Stellenwert von Krankheit und Tod mit Naphtas Weltbild verknüpft.

Während Settembrini die Demokratisierung der Gesellschaft in Frankreich und Großbritannien als vorbildlich für das in dieser Hinsicht rückständigere deutsche Kaiserreich lobt, findet sich Naphtas antidemokratische Haltung in zeitgenössischen nationalkonservativen Kreisen. Diese wirkten darauf hin, Ansätze zur Demokratisierung und Liberalisierung Deutschlands zu verhindern.[33] Thomas Mann war ein Befürworter dieses deutschen Sonderwegs.[34] Er war überzeugt, dass der Obrigkeitsstaat zum Schutz der deutschen Kultur bestehen bleiben müsse und

---

[33] Winkler, 244-245, 314-315, 322-323 u.a.
[34] Winkler, 340.

unterstützte noch während des ersten Weltkriegs die deutsche Kriegspolitik.[35]

Als er im Jahr 1922 seine Rede ,Von deutscher Republik' hielt, hatte er einen Sinneswandel vollzogen, denn er warb darin eindringlich um Unterstützung für die Weimarer Republik.[36] Diese war Ziel von Angriffen sowohl der Rechtsnationalen und der Nationalsozialisten als auch der Kommunisten und wurde schließlich von den Nationalsozialisten untergraben und durch die nationalsozialistische Diktatur ersetzt.

Im *Zauberberg*, der 1924 erschien, spielen die Ausführungen Naphtas also sowohl auf rechtskonservatives Gedankengut der Vorkriegszeit, der Zeit der Handlung, an als auch auf den in den 20er Jahren, den letzten Jahren der Entstehung des Romans, aufkommenden Nationalsozialismus. In den Ausführungen Naphtas sind dessen Abgründe erkennbar.

---

[35] Thomas Mann, *Betrachtungen eines Unpolitischen*, Berlin: S. Fischer Verlag. 1918. English Translation: *Reflections of a Non-Political Man*, Frederick Ungar Publishing Co, 1983.

[36] de.wikipedia.org/wiki/Von_deutscher_Republik

Hans Castorp, von Settembrini *Sorgenkind des Lebens* genannt, verspürt auch die Attraktivität des von Naphta errichteten Denkgebäudes. Er setzt es in Bezug zu seinen Erfahrungen und Beobachtungen im Sanatorium *Berghof*. Dort steht verständlicherweise die Krankheit, die Tuberkulose, von der sich die Patienten Heilung erhoffen, im Zentrum der Aufmerksamkeit. Der Protagonist wird mit verschiedenen Stadien des Leidens konfrontiert, und er ist anfangs irritiert vom Verhalten mancher Patienten, die darin eine vergnügliche oder sogar lustvolle Erfahrung zu sehen scheinen. Der Tod ist allgegenwärtig, für einige ein zum Greifen nahes unentrinnbares Schicksal. Der Ausnahmezustand ist Alltag. Angesichts der Todesnähe können die rigorosen Moralvorstellungen und Verhaltensnormen der Kaiserzeit, zum Beispiel in Bezug auf Sexualität und die Rolle der Frau, ungestraft missachtet werden. Eine Erfahrung von Freiheit in der Krankheit ist möglich, die aus der Sicht der Gesunden als ,Liederlichkeit' und ,Durchgängerei', also als dekadent, beurteilt würde. Hans Castorp nutzt dieses Klima, um eine Beziehung zu der verheirateten Frau Chauchat aufzubauen, die es verkörpert. Dass er das Röntgenbild ihrer Lunge als Souvenir seines erotischen Erlebens aufbewahrt, ist ein Ironiesignal, das auf sein Verfallen sein an den dekadenten Lebensstil hinweist.

In dieser Welt des Sanatoriums wird Freiheit also umgedeutet. Sie besteht nicht in einem Überwinden der Krankheit und der Rückkehr ins Flachland.[37] Im Gegenteil, sie ist die Befreiung von den Zwängen der Wilhelminischen Gesellschaft, von den umfassenden Pflichten, die Männer bei der Arbeit oder im Geschäftsleben und bürgerliche Frauen zu Hause im Kreis der Familie und bei der Organisation des Haushalts erfüllen mussten. Darin äußert sich Kritik an der Scheinheiligkeit dieser Gesellschaft, die auf der Unterdrückung von Leidenschaften und der Sexualität gründete, durch die die dekadente Gegenwelt erst produziert wurde.[38]

---

[37] Hans Castorps Cousin, der Offiziersanwärter Joachim Ziemßen, strebt dies noch an (582).
[38] Das betraf auch die Homosexualität, was Auswirkungen auf das Leben des Autors hatte.

Gleichzeitig bleibt immer bewusst, dass die beobachtete Umwertung der Werte, obwohl sie zunächst harmlos zu sein scheint, mit Naphtas Denken in Verbindung steht. Das Sanatorium ist ein ideales Biotop für Irrationalität und Gereiztheit, was letztlich zum Ausbrechen aufgestauter Gefühle führt (Kapitel ‚Die große Gereiztheit, 1034 ff.), ein Klima, in dem, wie Naphta selbst sagt (694), seine Weltanschauung besonders gut gedeiht und in dem der Beginn des Krieges als Erlösung empfunden wird.[39]

Ein bedeutender Gegenstand

Hans Castorp verfällt dieser Welt jedoch nicht vollkommen, auch wenn die Aufhebung der gewohnten Taktung der Zeit, die das Leben im ‚Flachland' strukturiert, ein sich Gehen lassen begünstigt. Er nutzt das räumliche und zeitliche Enthoben sein, um über die neuen Erfahrungen

---

[39] In Sibylle Steinbachers Definition von Faschismus findet sich eine Entsprechung: ‚*und dazu verstehen sie [faschistische Bewegungen] es, Gefühle anzusprechen, Leidenschaften zu mobilisieren und vor allem auf die Emotion zu setzen und vor allem auch zu vermitteln, dass Gemeinschaft ein eigener Wert sei.'* Sibylle Steinbacher, www.deutschlandfunkkultur.de/debatte-der-umstrittene-begriff-faschismus.976.de.html?dram:article_id=392044 26.7.2017

nachzudenken, was er ‚Regierungsgeschäfte' nennt. Dabei erkennt er die Gefahr, die in der Umwertung humanistischer Werte liegt, wie sie Naphta zum Beispiel mit der Apotheose der Krankheit vornimmt. Seine Überlegungen sind Ausdruck eines ernsthaften Bemühens um weltanschauliche Orientierung und damit möglicherweise ein Echo der politischen Neupositionierung des Autors in der Spätphase der Entstehung des Romans.

Beim Hören des Lieds ‚Der Lindenbaum' befreit sich Hans Castorp vom Einfluss der beiden Pädagogen, Naphta und Settembrini, und kommt zu einer eigenständigen Lösung. Der Erzähler begleitet und kommentiert sein Hörerlebnis. Er warnt den Leser vor der möglichen Wirkung des Liedes, das zwar auf den ersten Blick nur ein schlichtes, unschuldiges Volkslied sei, das vom Heimweh eines jungen Mannes handelt, gleichzeitig jedoch die Wirkung eines ‚Seelenzauber(s) mit finsteren Konsequenzen' habe.

Die Linde am Brunnen, ein paradiesischer Ort, ein *locus amoenus*, ist ein Symbol für die ferne Heimat des Sprechers. Er erinnert sich an glückliche Tage, die er dort erlebt hat, und ist voller Sehnsucht nach ihr, denn das Leben in der Fremde ist hart (‚Die kalten Winde bliesen....'). Rückkehr ist jedoch unmöglich, da sich zwischen ihm und ihr eine nicht nur räumliche Distanz aufgebaut hat. ‚Hier findst du deine Ruh!', das sichere Versprechen in der 2. Strophe, wird am Ende zu ‚du fändest Ruhe dort', einem unvollständigen Bedingungssatz. Die Sehnsucht wird nur unter einer Voraussetzung erfüllt, die nicht genannt wird. Aus dem historischen Kontext des Liedes, der Restaurationszeit nach 1815, lässt sich schließen, dass mit dem angedeuteten Konflikt die Unterdrückung des freiheitlichen Nationalismus und der Demokratiebewegung im Rahmen der Widerherstellung der absoluten Monarchien gemeint ist.[40] Die zerstörten Hoffnungen der Aktivisten finden

---

[40] Ian Bostridge *Schuberts Winterreise. Lieder von Liebe und Schmerz*. München: C.H. Beck Verlag, 2015, Kapitel 5 ‚Der Lindenbaum'.

Ausdruck in der emotionalen und räumlichen Distanz zum Sehnsuchtsort Heimat.

Die Anspielung des Erzählers im Zauberberg verweist jedoch auf die spätere Rezeptionsgeschichte des Liedes.[41]

Wir wollen es so stellen: Ein geistiger, das heißt ein bedeutender Gegenstand ist eben dadurch ,bedeutend', daß er über sich hinausweist, daß er Ausdruck und Exponent eines Geistig-Allgemeinen ist, einer ganzen Gefühls- und Gesinnungswelt, welche in ihm ihr mehr oder weniger vollkommenes Sinnbild gefunden hat, - wonach sich denn der Grad seiner Bedeutung bemißt. (987)

Die ,Gefühls- und Gesinnungswelt', für die das Lied in den Ausführungen des Erzählers steht und vor der er warnt, ist das Weltbild Naphtas, der zuvor einen Prototyp eines faschistischen Staats skizzierte. Damit weist der Erzähler auf die Gefahren des in den frühen 20er Jahren aufkommenden Nationalsozialismus hin, blickt aber auch auf

---

[41] Ian Bostridge hebt Analogien zwischen der *Winterreise* und dem *Zauberberg* hervor und bespricht ausführlich die Ambivalenz von Meisterwerk und Volkslied, die mit ihrer Bedeutung für die Wirkungsgeschichte auch im *Zauberberg* thematisiert wird. In seiner Interpretation der Rolle des Lieds im *Zauberberg* spannt er einen Bogen von der Todessehnsucht der Romantik zum Nationalsozialismus (Kapitel 5).

das rechtsnationale Gedankenguts der Vorkriegszeit zurück, in dem Militarismus und Imperialismus eine bedeutende Rolle spielten.[42]

Man brauchte nicht mehr Genie, nur viel mehr Talent, als der Autor des Lindenbaumliedes, um als Seelenzauberkünstler dem Liede Riesenmaße zu geben und die Welt damit zu unterwerfen. Man mochte wahrscheinlich sogar Reiche darauf gründen, irdisch-allzu irdische Reiche, sehr derb und fortschrittsfroh und eigentlich gar nicht heimwehkrank, in welchen das Lied zur elektrischen Grammophonmusik verdarb.
Kapitel 7, Fülle des Wohllauts, 990.

Hans Castorp ist durchaus empfänglich für die Verlockungen dieser Dimension des Liedes, kann sich aber aufgrund seiner Erfahrungen und Überlegungen zeitweilig von ihnen distanzieren. Der Erzähler führt aus, dass sein Gewissen die Verantwortung übernimmt und ihn davor bewahrt, sich in die weltanschaulichen Abgründe hineinziehen zu lassen. Sein Akt der Sublimierung ('Selbstüberwindung') führt zu einer gesteigerten und höheren Form der Liebe zu dem Lied, die auf dem Zweifel gründet.

---

[42] Winkler, 310-317.

Was mit dieser höheren Liebe gemeint ist, entzieht sich dem Verständnis, wenn man nicht berücksichtigt, dass der Begriff bei Thomas Mann auch eine politische Dimension hat. Zuerst fand er die Liebe (Eros) in der national-konservativen Position. Seine Zweifel an dieser und schließlich ihre Überwindung und die Zuwendung zur Demokratie, in der er nun den Eros wirken sah,[43] können in Analogie zu Hans Castorps Selbstüberwindung gedacht werden.

Die Verbindung von höherer Liebe und dem ihr entsprechenden Gesellschaftsbild wird in einem früheren Kapitel (Kapitel ‚Schnee‘) schon hergestellt. Im Kontext einer Skiwanderung widersteht Hans Castorp der Anziehungskraft des Todes, der in schwarz und mit spanischer Halskrause Naphtas Weltanschauung personifiziert, und fasst den Entschluss, sich nicht von ihm vereinnahmen zu lassen. Der Vernunft, repräsentiert durch Settembrini, traut er jedoch nicht zu, dies zu schaffen. Es sei vielmehr nur der Liebe möglich.

---

[43] Dieter Thomä, *Puer robustus. Eine Philosophie des Störenfrieds.* Berlin: Suhrkamp, 2018. Die Ausführungen zu Hans Blüher und Thomas Mann, 371-377.

Die Liebe steht dem Tode entgegen, nur sie, nicht die Vernunft, ist stärker als er. Nur sie nicht die Vernunft, gibt gütige Gedanken. Auch Form ist nur aus Liebe und Güte: Form und Gesittung verständig-freundlicher Gemeinschaft und schönen Menschenstaats – in stillem Hinblick auf das Blutmahl. (748)

Der Tod und das, was er repräsentiert, üben noch immer ihre Anziehungskraft auf Hans Castorp aus, aber angesichts der Gräueltaten, deren Zeuge er in seinem Traum auch wird, macht er sich Güte und Menschenliebe zum Ideal. Dies bedeutet jedoch nicht, dass er die Versuchungen endgültig überwunden hat. Obwohl es Settembrini ist, der den Disput mit Naphta überlebt, impliziert die zunehmend aggressive Atmosphäre im Sanatorium, die mehrfach in Szenen verbaler und körperlicher Gewalt eskaliert, die weitere Abwendung vom durch Normen und Vernunft bestimmten Handeln. Diese Stimmung spiegelt die Verhältnisse in der Gesellschaft vor dem Ausbruch des ersten Weltkriegs.

Hans Castorp lässt sich zwar aufgrund seines phlegmatischen norddeutschen Charakters nicht hinreißen und wirkt eher mäßigend und vermittelnd, übernimmt aber doch mit der Zeit die nachlässige Haltung seiner Mitpatienten.

Verwirrung

Hans Castorp verliert während seines Aufenthalts im Sanatorium Berghof zunehmend den moralischen Halt und die geistige Orientierung, ersteres durch die ‚inneren Umstände‘, die Atmosphäre im Sanatorium, letzteres nicht zuletzt durch den Disput zwischen Settembrini und Naphta. Sie kämpfen um die Deutungshoheit über die Begriffe und dekonstruieren das System des jeweils anderen.

Schließlich führt der Erzähler dieses Spiel in Gedanken fort und stellt die Streitpunkte und inneren Widersprüche zusammen, wobei er manchmal durch Hans Castorp spricht (702-705). Obwohl er Konfusion feststellt, scheint es, als habe er durchaus den Überblick und als habe er Gefallen an dem Verwirrspiel gefunden. Er stellt auch klar, dass es sich letztlich um politische Positionen und eine politische Debatte handelt (704) und daher eine rein rationale

Stellungnahme dazu nicht möglich ist. Wenn sich Hans Castorp in den Momenten der Selbstüberwindung, in denen er zu unabhängigem Denken findet und sich zu einer höheren Liebe aufschwingt, Settembrini näher fühlt, ist das keine rationale, sondern eine ethische Entscheidung, für das Leben im Angesicht des Todes, für Menschenfreundlichkeit statt Menschenfeindlichkeit.

Sowohl Settembini als auch Naphta streiten gerne: ‚Ich brauche die Friktion. Gesinnungen leben nicht, wenn sie keine Gelegenheit haben, zu kämpfen, und – ich bin in den meinen gefestigt' (615). Naphta ist jedoch derjenige, der es im Verlauf des Disputs mehr und mehr darauf anlegt, Verwirrung zu stiften, mit dem Ziel die Grundwerte als Orientierung für menschliches Zusammenleben in Zweifel zu ziehen. Settembrini sagt über Naphta:

‚Seine Form ist Logik, aber sein Wesen ist Verwirrung.' (614)

Naphtas Monolog über die Begriffe Freiheit und Revolution im Kontext der Nationalstaatsbewegung im 19.

Jahrhundert dient vor allem dazu rationales Argumentieren überhaupt in Frage zu stellen (1053 ff.).

Naphtas Diskursstrategien findet man auch heute wieder, vor allem bei rechtspopulistischen und nationalistischen Bewegungen und Parteien. Sie dienen ihrem Ziel, den demokratischen Rechtsstaat zu unterminieren, indem sie Ängste schüren und Verwirrung stiften und gesellschaftliche Grundwerte in Frage stellen oder umdeuten. ,Das wird man wohl noch sagen dürfen' ist die Standardreaktion auf Kritik an solchen Angriffen; ebenso wie die Rede vom ,verengten Meinungskorridor', mit der die Vertreter autoritärer Bewegungen unter Berufung auf die Freiheitsrechte den Resonanzraum für ihre Weltanschauung zu erweitern suchen.

Populisten und Lobbyisten berufen sich auch auf den radikalen Relativismus - die Auffassung, dass jede mögliche Sicht der Dinge legitim sei - wenn sie die von Fachleuten geprüften wissenschaftlichen Erkenntnisse in Zweifel ziehen, mit dem Ziel die Massen irrezuführen und zu manipulieren. Ein hervorstechendes Beispiel sind die Leugner des Klimawandels, die es geschafft haben, notwendige Maßnahmen und Politikwechsel über Jahrzehnte zu verhindern oder hinauszuzögern, indem sie die Ergebnisse der Klimaforschung in Frage stellten, mit zunehmend katastrophalen Folgen.

Vor diesem Hintergrund wird ersichtlich, wie wichtig ein allgemeiner Konsens darüber, wie Wahrheit ermittelt werden kann, für eine funktionierende Gesellschaft ist und dass Weisheit, in Settembrinis Worten ‚Wahrheit und Gerechtigkeit sind Kronjuwelen individueller Sittlichkeit.' (602), liegt. Die Vielfalt der Perspektiven ist wichtig und notwendig, damit Veränderungen hin zu einer besseren Welt stattfinden können. Die Subjektivität der Wahrnehmung soll keineswegs bestritten werden, aber der Missbrauch der Toleranz, um das reine Eigeninteresse auf Kosten der Allgemeinheit zu fördern oder aus rein zerstörerischen Motiven, führt zu schwer wiegenden Konsequenzen.[44] Daher soll abschließend noch einmal Hans Castorp - Thomas Manns Jedermann und Sorgenkind des Lebens - in seinen hellsten Momenten zitiert werden:

Die Liebe steht dem Tode entgegen, nur sie, nicht die Vernunft, ist stärker als er. Nur sie nicht die Vernunft, gibt gütige Gedanken. (748)

Eine Liebe, die durch Güte genauer bestimmt wird, ist ein Gefühl, das anderen Menschen oder noch allgemeiner, anderen Wesen zugewandt ist, mit dem Wunsch, ihnen Gutes zu tun. Die Welt um sich herum mit einem gütigen Blick wahrzunehmen, führt zu einer Befreiung vom rein selbstzentrierten oder profitorientierten Denken. Das gewonnene Lebensgefühl ist eine Form von Freiheit.[45]

---

[44] Erich Fromm schreibt dazu: ‚Es gibt immer Gruppen, deren Interesse durch Wahrheit vorangetrieben wird, und ihre Vertreter sind die Vorkämpfer menschlichen Denkens. Aber es gibt auch Gruppen, deren Interessen durch die Verschleierung von Wahrheit vorangetrieben werden.' Erich Fromm, *Die Furcht vor der Freiheit*, 1941, Kapitel 7 ‚Freiheit und Demokratie'.

[45] Vgl. Erich Fromms Definition von positiver Freiheit: Rein negative Freiheit als Freiheit von äußeren Zwängen führt das Individuum in die Isolation und erzeugt Angst. Nur in einem Zustand positiver Freiheit kann der Mensch gleichzeitig unabhängig sein und sich sicher fühlen. Positive Freiheit erreicht er zum Beispiel durch Liebe im Sinne von ‚Bejahung der anderen'. (225)

VI

Mitspielen oder nicht– ‚Hamlet'

Гамлет

Гул затих. Я вышел на подмостки.
Прислонясь к дверному косяку,
Я ловлю в далеком отголоске,
Что случится на моем веку.

На меня наставлен сумрак ночи
Тысячью биноклей на оси.
Если только можно, Авва Отче,
Чашу эту мимо пронеси.

Я люблю твой замысел упрямый
И играть согласен эту роль.
Но сейчас идет другая драма,
И на этот раз меня уволь.

Но продуман распорядок действий,
И неотвратим конец пути.
Я один, все тонет в фарисействе.
Жизнь прожить - не поле перейти.

Борис Пастернак, (1957)[46]

---

[46] A. Z. Foreman, http://poemsintranslation.blogspot.com/2015/03/
boris-pasternak-hamlet-from-russian.html

Hamlet

Der Lärm verstummt. Ich bin auf der Bühne.
Am Türpfosten lehnend
Höre ich im fernen Echo,
was geschehen wird in meiner Zeit.

Durch das Halbdunkel starren Augen
Auf mich durch tausend Operngläser.
Lieber Vater, hab Erbarmen,
lass diesen Kelch an mir vorüber gehen.

Ich liebe deine fixe Idee
Und bin bereit für diese Rolle,
doch wird jetzt ein anderes Stück gespielt,
für dieses Mal, mein Vater, stell mich frei.

Doch ist die Handlung vorgegeben,
der Reise Ende unabwendbar.
Ich bin allein. Die Welt versinkt in Falschheit.
Das Leben ist kein Spaziergang.

Boris Pasternak (1957)

Der Sprecher spielt die Rolle des Hamlet in William
Shakespeares Tragödie. Vor der Bühne aus nimmt er die

Zuschauer im Parkett und auf den Rängen wahr. In diesem Moment fühlt er sich auch als Schauspieler, als Person in ihrer Zeit, für die die Stimmung im Saal zukunftsentscheidend ist. Da die Zuschauer im Halbdunkel sitzen, sind sie selbst verborgen und bleiben daher unerkannt. Der Sprecher beschreibt sie als aufmerksame Beobachter, die durch ihre Operngläser auf ihn starren. Er spürt, dass sie nicht nur an seinem Spiel sondern auch an seiner Person interessiert sind, so dass der Kontext einer Überwachungssituation mit ihrer Atmosphäre des Unheimlichen, Bedrohlichen evoziert wird.[47]

Der sozio-historische Hintergrund ist die Sowjetunion der Stalinzeit. Das Gedicht dramatisiert die Situation des Individuums in einem totalitären Staat. Wie ein Schauspieler nimmt das Individuum die ihm zugewiesene Rolle an. Der Freiheit des Redens und Handelns beraubt, erkennt es, dass sein weiteres Leben wie die Handlung eines

---

[47] Die Konstellation erinnert an das Konzept des Panoptikums, das der englische Philosoph Jeremy Bentham (1748-1832) zur effizienteren Überwachung in Gefängnissen entworfen hat.

-75-

Theaterstücks vorgegeben ist, welches zwischendurch auf Grund der Willkür der Herrschenden umgeschrieben werden kann.

In Shakespeare's *Hamlet* wird der Protagonist ebenfalls mit Forderungen konfrontiert, bestimmte Rollen zu spielen, und er versucht zunächst, sich nicht vereinnahmen zu lassen, sondern sich erstmal über seine Situation klar zu werden und sein eigenes Spiel zu spielen. So zögert er die Erfüllung des Racheauftrags seines Vaters hinaus. Später entkommt er durch eine List einem Anschlag seines Onkels, des neuen Königs. Schließlich lässt er sich doch auf die für ihn vorgesehene Rolle in einer Intrige des Königs ein und wird dabei tödlich verletzt. Am Ende scheint es, als hätte er nicht wirklich eine Wahl, ob er mitspielt oder nicht. Das Schicksal des Prinzen liegt nicht in seiner eigenen Hand.

In Pasternaks Gedicht finden die Qualen des Sprechers/Schauspielers Ausdruck in der Anrufung ,Abba, wenn es dir nur möglich ist, lass diesen Kelch an mir vorüber gehen'. Es sind die Worte eines anderen Sohns, Jesus

Christus, der ebenfalls an der Rolle zweifelt, die ihm sein Vater zugewiesen hat. Das Zitat stammt aus dem Evangelium des Matthäus, Kapitel 26, das von den Erfahrungen Jesu im Garten Gethsemane kurz vor seiner Festnahme erzählt. Die existentielle Situation des Ausgeliefert seins an eine Machtinstanz verbindet das Gedicht, die Bibelstelle und das titelgebende Theaterstück.

Jesus fleht seinen Vater an, ihm das vorgesehene Schicksal zu ersparen, fügt sich aber schließlich, wissend, dass er den Lauf der Dinge nicht stoppen kann und dass sein Verräter schon bereit steht, ihn auszuliefern. Die Erfahrung von existenzieller Angst, innerer Auflehnung und schließlich Resignation in Erwartung des Unabwendbaren sind für die Leser nachvollziehbar und spürbar. Während sich Jesus jedoch sicher sein kann, dass sein Opfer einen Sinn hat und er nach seinem Tod seine Position als Gottes Sohn wieder einnehmen wird, bringt das von dem Schauspieler erwartete Ende keine Erlösung. Statt dessen sieht er sich einer Übermacht von arroganten und heuchlerischen Zeitgenossen gegenüber, die mit ihrer Bereitschaft, abweichendes Verhalten an die Behörden zu melden, dazu beitragen, dass die totale Herrschaft gefestigt wird. Das Versprechen einer sinnvollen Existenz im kommunistischen Staat der Sowjetunion wird nicht eingehalten.

Julian Barnes zitiert Pasternaks Gedicht ‚Hamlet' in seinem 2016 erschienenen biographischen Roman *The Noise of Time (Der Lärm der Zeit)*, der in erlebter Rede von der Auseinandersetzung des Komponisten Schostakowitsch mit der sowjetischen Staatsmacht erzählt.[48] Die Erfahrung von Fremdbestimmung ist dabei ein zentrales Thema. Die staatliche Zensur erzeugt einen hohen Druck, sich anzupassen und das beängstigende Wissen, nur unter Lebensgefahr vom vorgegebenen Ideal abweichen oder gar ausbrechen zu können, ist ständig präsent. Dies führt zur Selbstzensur, zu vom Komponisten als entwürdigend empfundenen Zugeständnissen.

---

[48] Erlebte Rede ist eine Erzähltechnik, bei der in der dritten Person aber aus der Perspektive einer Figur, in diesem Fall der Schostakowitschs, erzählt wird.

Und das war vielleicht ihr letzter Sieg über ihn. Statt ihn zu töten, erlaubten sie ihm zu leben, und indem sie ihm erlaubten zu leben, hatten sie ihn getötet. Das war die letzte, unauflösbare Ironie seines Lebens: dass sie ihn getötet hatten, indem sie ihm erlaubten zu leben.
The Noise of Time, 177 [meine Übersetzung]

In einer Gesellschaft, in der die Kunst vom Staat instrumentalisiert wird und es keine Freiheit des Ausdrucks gibt, kann Literatur dennoch zum Medium des Widerstands werden. Eindrücklich schildert Barnes Boris Pasternaks Lesungen von Shakespeares Sonett 66:

Wenn Pasternak das 'Sonnet 66' vortrug, wartete das Publikum während der ersten acht Verse gespannt auf den neunten, ,[...] wie Macht die Kunst zum Schweigen bringt [...]', in den sie mit einfielen, manche leise, manche flüsternd, die mutigsten unter ihnen im Fortissimo, aber alle widerlegten ihn und weigerten sich zu schweigen.
The Noise of Time (93-94)

Shakespeares Tragödien Hamlet und Macbeth galten als potentiell subversiv.

Aber die Tyrannen hassten und fürchteten das Theater noch mehr als die Lyrik. Shakespeare hielt der Natur den Spiegel vor und wer könnte es ertragen, sein eigenes Spiegelbild zu sehen? So war Hamlet *lange Zeit verboten. Stalin hasste das Stück fast genauso sehr wie er* Macbeth *hasste.* (88)

Die Tragödien überlieferten ein nicht gerade schmeichelhaftes Bild eines Herrschers, mit dem sich der Diktator vergleichen musste. Die Könige kommen durch Königsmord an die Macht, planen Intrigen, um ihre Macht zu erhalten und werden am Ende getötet. Die Zuschauer konnten in diesen Königen Züge ihrer eigenen Machthaber wiedererkennen und verspürten vielleicht eine grimmige Freude an der impliziten Kritik. So entfalteten diese rund 350 Jahre alten Texte über die zeitliche Distanz hinweg bei den Zuschauern eine kathartische Wirkung. Pasternaks Gedicht ‚Hamlet' spielt auf diese Erfahrung an. Aufgrund der gesellschaftspolitischen Umstände hat sein Sprecher jedoch noch weniger Handlungsspielraum als Shakespeares Hamlet.

VII

Kurz vor 12 – der Western *High Noon*

Wenn kurz vor dem Ende von *High Noon* die vier Gangster großspurig durch die Straßen von Hadleyville ziehen, hat man als Zuschauer sechzig dramatische Minuten durchlebt, in denen der Marshal der kleinen Stadt sich vergeblich bemühte, Unterstützung im Kampf gegen sie zu finden. Obwohl der Western älter als 60 Jahre ist – er kam 1952 in die Kinos – ist er gerade heute hoch aktuell, denn er stellt die entscheidende Frage danach, wer in der Gesellschaft das Risiko auf sich nimmt, das Gesetz, beziehungsweise den Rechtsstaat, im Fall eines Angriffs auf ihn, zu verteidigen. Seine Antwort ist das verstörende Psychogramm einer Stadt, in der nicht viele Bürger bereit sind, oder sich in der Lage sehen, dies zu tun. Die meisten haben wohl seine Vorzüge aus dem Blick verloren oder scheinen sich der Konsequenzen ihrer Gleichgültigkeit nicht bewusst zu sein.

Hadleyville gehört zum New-Mexico-Territorium im späten 19. Jahrhundert. Frank Miller, der wegen Mordes zum Tode verurteilt wurde, wird frühzeitig aus einem Gefängnis in den Nordstaaten entlassen und soll um 12 Uhr mittags mit dem Zug in der Stadt ankommen. Aufgrund dieser Nachricht steckt sich Will Kane, der am früheren Vormittag vom Amt des Marshals der Stadt zurückgetreten war, seinen Marshalstern wieder an, um eine Mannschaft zusammenzustellen, die die Stadt vor Miller schützen soll.

Während die Zeiger der Uhr sich stetig und erbarmungslos von zehn vor elf auf zwölf Uhr und die erwartete gewalttätige Konfrontation zubewegen, folgt die Kamera Kane beinahe in Echtzeit durch die Stadt. Dabei stellt sie dem Betrachter Vertreter unterschiedlicher gesellschaftlicher Gruppen vor und gibt einen Einblick in ihre Persönlichkeiten und Interessen. Am Ende von Kanes einsamer Suche steht die schockierende Erkenntnis, dass es ihm nicht gelungen ist, Männer für die Verteidigung der Stadt zu gewinnen. Manche haben einfach Angst um ihr Leben. Gleichzeitig scheint Miller durch die bloße Anwesenheit seiner Komplizen an Beliebtheit zu gewinnen, obwohl diese eindeutig Schurken sind. Der Barkeeper im Saloon und seine Kunden bekennen sich schon zu ihm, bevor er auch nur angekommen ist. Er malt sich voller Schadenfreude Kanes Tod aus und seine Kunden lachen dem Marshal ins Gesicht und freuen sich auf Millers Ankunft.

Der Richter, der Miller verurteilte, und der wie Kane das Gesetz repräsentiert, verlässt die Stadt. Er nimmt nicht nur die Gesetzbücher und die Waage, das Symbol der Gerechtigkeit mit, sondern auch die amerikanische Flagge. Während er seine Sachen packt, vergleicht er die bevorstehende Situation mit der Rückkehr eines Tyrannen nach Athen um 500 vor Christus. Obwohl ihn die Griechen verbannt hatten, weil er ihnen das Leben zur Hölle gemacht hatte, gewähren sie ihm bei seiner Rückkehr mit einer Armee Einlass in die Stadt und sehen zu, wie er Mitglieder der rechtmäßigen Regierung hinrichten lässt.

Die Analogie legt die Interpretation der Handlung von *High Noon* als Allegorie für die Bedrohung einer demokratischen Gesellschaftsordnung durch eine populistische Führerpersönlichkeit nahe, die nicht zuletzt dadurch erfolgt, dass die Menschen nicht willens oder in der Lage sind, seine Machtergreifung zu verhindern.

In der Kirche setzen sich einige Bürger leidenschaftlich für Widerstand gegen Miller ein. Sie argumentieren, dass die Stadt seit Müllers Verhaftung ein sicherer Ort für Frauen und Kinder war. Das Gesetz, repräsentiert durch Marshal Will Kane, habe sie geschützt. Die Befürworter werden jedoch von denjenigen überstimmt, die Einwände erheben oder sich sogar ausdrücklich gegen Kanes Vorhaben aussprechen. Ihr Wortführer ist ein Geschäftsmann, der behauptet, dass mögliche Investoren aus dem Norden das Interesse an der Stadt verlieren könnten, wenn sich die Nachricht von einer Schießerei, wie sie bei Millers Ankunft stattfinden würde, sollte man sich gegen ihn wehren, verbreitet. Seiner Auffassung nach würde sich das

Problem von allein lösen, wenn Kane die Stadt verließe, da Miller sich nur an dem Marshal rächen wolle.

Nach der Diskussion in der Kirche bleibt der Eindruck, dass es tatsächlich im Interesse einiger Bürger ist, wenn der Marshal aufgibt, so wie der das Gesetz repräsentierende Richter vor ihm. Es scheint, dass sie im Hintergrund die Fäden in der Hand halten und schon eifrig den Weg für eine neue Zeit freimachen in der Erwartung, dass sie davon profitieren werden, wenn Miller die Stadt ein wenig aufmischt. Sie glauben nicht nur, dass er sie unbehelligt lassen wird, wenn sie ihm nicht in die Quere kommen, sondern dass auch sie das Gesetz ungestraft brechen werden können.

Mangels Unterstützung wird Kane nun allein den Kampf gegen Miller und seine Bande auf sich nehmen, wobei zwei Beweggründe ineinander spielen, seine eigene Verteidigung und die der Rechtsordnung in der Stadt. An letztere hält er sich sorgfältig, denn er verhaftet die Komplizen Millers, die die Rechtstreue des Marshals ausnutzen, nicht vorsorglich, obwohl ihm dies zu einem leichten

Sieg hätte verhelfen können. Dass er sich nach der Schießerei weder als Held feiern lässt noch einen Anspruch auf eine Führungsposition in der Stadt erhebt, bestätigt, dass er nicht für autoritäre Herrschaft steht. Miller dagegen kehrt zurück, um Rache an denjenigen zu nehmen, die ihn gesetzmäßig verhafteten und verurteilten und um sein altes Territorium wieder zu erobern.

Regisseur Fred Zinnemann weist in seiner Autobiographie selbst auf die symbolische Bedeutung der Stadt und ihrer Bewohner hin und erklärt die Rolle Kanes: [49]

Es war die Geschichte eines Mannes, der eine Gewissensentscheidung treffen musste. Seine Stadt – Symbol einer apathisch gewordenen demokratischen Gesellschaft – und ihre Lebensweise werden mit einer schrecklichen Bedrohung konfrontiert. Da er entschlossen ist Widerstand zu leisten und unter großem Druck steht, sucht er überall in der Stadt Unterstützung, findet aber niemanden, der ihm hilft. Die Türen und Fenster der Stadt verschließen sich vor ihm. Jeder hat irgendeinen Grund sich nicht einzumischen. Schließlich muss

---

[49] Der Kontext der 1950er Jahre hat zu verschiedenen allegorischen Interpretationen angeregt, zum Beispiel dass Kane für die Supermacht USA stehe, die den Kommunismus bekämpft oder der Film Kritik am Vorgehen des Komitees für unamerikanische Umtriebe während der McCarthy-Ära übe (Phillip Drummond (1997) *Zwölf Uhr Mittags. Mythos und Geschichte eines Filmklassikers.* Europa Verlag Hamburg/Wien, 99-100 und 110-112.

er sich dem gewählten Schicksal ganz allein stellen. [...] Dies ist eine Geschichte, wie sie noch immer passiert, überall, jeden Tag.
Zinnemann, Fred (1992), *An Autobiography,* London: Bloomsbury, 97; [meine Übersetzung]

Unabhängig davon wie man seine Rolle beurteilt, ist es interessant sich zu überlegen, wie sich die Stadt verändern würde, wenn Kane die vier Outlaws nicht tötete. Das Verhalten der vier auf ihrem Gang durch die Stadt auf der Suche nach Kane gibt einen lebendigen Vorgeschmack. Sie verhalten sich, als ob das Recht schon ausgehebelt sei und üben das Recht des Stärkeren aus, indem sie Eigentum willkürlich zerstören.

Studien zu populistischen Bewegungen und persönlicher Herrschaft können das Bild vervollständigen. Hannah Arendt führt am Beispiel der Weimarer Republik in Deutschland aus, wie es dazu kommen kann, dass die Demokratie sich selbst abschafft, indem sich die Bürger der Unterhöhlung demokratischer Institutionen und der Einschränkung oder gar Abschaffung von Menschen- und

Bürgerrechten nicht entgegenstellen oder ihr sogar zustimmen. [50]

Zum Ausbau und der Erhaltung von Macht werden Feindbilder aufgebaut, bestimmte Bevölkerungsgruppen werden ausgegrenzt. Eine Spaltung der Gesellschaft in die Anhänger, das Volk, und die Anderen, die zu potentiellen Verrätern erklärt werden, ist die Folge. Hannah Arendt erklärt wie es dazu kommen kann, dass gerade die besten Freunde zu Denunzianten werden (696-7). Die Bürger lassen damit Entwicklungen zu, die letztlich gegen ihre eigenen Interessen gehen und zu einem System der Unterdrückung und der Willkür führen. Letztere ist ein tragendes Element autoritärer Regime, da dadurch die Menschen in einem dauerhaften Zustand der Unsicherheit und gegenseitigen Misstrauens gehalten werden, was das System stabilisiert.

---

[50] Hannah Arendt (1951) *Elemente und Ursprünge totaler Herrschaft*, 13. Auflage 2009, p. 659

Indem *High Noon* die Gefahren des Politikverdrusses und der Desillusionierung gegenüber dem demokratischen Rechtsstaat in Szene setzt, sendet der Film ein Warnsignal an die Bürger der liberalen Demokratien weltweit.

Übrigens geht Kane am Ende nur deshalb als Sieger aus der abschließenden Konfrontation mit den Schurken hervor, weil seine Frau gleichberechtigt am Kampf teilnimmt.

VIII

Volle und leere Taschen
‚Herr von Ribbeck auf Ribbeck'

Herr von Ribbeck auf Ribbeck im Havelland,
Ein Birnbaum in seinem Garten stand,
Und kam die goldene Herbsteszeit
Und die Birnen leuchteten weit und breit,
Da stopfte, wenn's Mittag vom Turme scholl,
Der von Ribbeck sich beide Taschen voll,
Und kam in Pantinen ein Junge daher,
So rief er: ‚Junge, wiste 'ne Beer?'
Und kam ein Mädel, so rief er: ‚Lütt Dirn,
Kumm man röwer, ick hebb 'ne Birn.'

So ging es viel Jahre, bis lobesam
Der von Ribbeck auf Ribbeck zu sterben kam.
Er fühlte sein Ende. 's war Herbsteszeit,
Wieder lachten die Birnen weit und breit;
Da sagte von Ribbeck: ‚Ich scheide nun ab.
Legt mir eine Birne mit ins Grab.'
Und drei Tage drauf, aus dem Doppeldachhaus,
Trugen von Ribbeck sie hinaus,
Alle Bauern und Büdner mit Feiergesicht
Sangen ‚Jesus meine Zuversicht'[51],

---

[51] ‚Jesu, meine Zuversicht' ist ein deutsches Evangelisches Kirchenlied. […]Erstmals veröffentlicht wurde das Lied 1653 in dem Gesangbuch für die Reformierten in der Mark Brandenburg des Berliner Verlegers Christoph Runge: *Geistliche Lieder und Psalmen,*
de.wikipedia.org/wiki/Jesus,_meine_Zuversicht

Und die Kinder klagten, das Herze schwer:
‚He is dod nu. Wer giwt uns nu 'ne Beer?'

So klagten die Kinder. Das war nicht recht -
Ach, sie kannten den alten Ribbeck schlecht;
Der neue freilich, der knausert und spart,
Hält Park und Birnbaum strenge verwahrt.
Aber der alte, vorahnend schon
Und voll Mißtraun gegen den eigenen Sohn,
Der wußte genau, was damals er tat,
Als um eine Birn' ins Grab er bat,
Und im dritten Jahr aus dem stillen Haus
Ein Birnbaumsprößling sproßt heraus.

Und die Jahre gingen wohl auf und ab,
Längst wölbt sich ein Birnbaum über dem Grab,
Und in der goldenen Herbsteszeit
Leuchtet's wieder weit und breit.
Und kommt ein Jung' übern Kirchhof her,
So flüstert's im Baume: ‚Wiste 'ne Beer?'
Und kommt ein Mädel, so flüstert's: ‚Lütt Dirn,
Kumm man röwer, ick gew' di 'ne Birn.'

So spendet Segen noch immer die Hand
Des von Ribbeck auf Ribbeck im Havelland.

Theodor Fontane (1889)[52]

---

[52] *Deutsche Gedichte*. Eine Anthologie, Reclam, 2000, 223.

Das Modell für den Herrn von Ribbeck in Fontanes Ballade ist Hans Georg von Ribbeck (1689–1759[53], ein adliger Gutsbesitzer im Havelland westlich von Berlin, das damals zu Preußen gehörte und heute in Brandenburg liegt.

Dass er Birnen von seinem Baum an die Kinder in der Umgebung verschenkt, ist Ausdruck seiner Nächstenliebe. Ich stelle ihn mir ähnlich wie Lord Grantham in der Serie *Downton Abbey* vor, ein sozial gesinnter, wohlmeinender Patriarch, der den Familienbesitz verantwortungsvoll verwaltet und sich seinen Angestellten und Pächtern gegenüber fair verhält, der aber die Ständeordnung, der er seine privilegierte Stellung zu verdanken hat, nicht in Frage stellt.

Mit seinem Tod steht jedoch in Zweifel, ob ihm mit seinem Sohn ein ebenso sozial gesinnter Patriarch nachfolgt. Die Führung des Guts durch diesen Sohn macht dann

---

[53] de.wikipedia.org/wiki/Hans_Georg_von_Ribbeck. Das Herrenhaus, das auf der Homepage www.von ribbeck.de abgebildet ist, wurde im späten 19. Jahrhundert gebaut, ist also nicht das Doppeldachhaus.

auch deutlich, wie prekär die Situation der ärmeren Gesellschaftsschichten ist, wenn ihr Wohlergehen nur vom guten Willen des Gutsherrn abhängt.

Die Vorsorge seines Vaters für diesen Fall, die er in letzter Minute trifft, verweist auf ein fortschrittlicheres Modell der Teilhabe am Wohlstand. Aus der Birne, die er mit in sein Grab nimmt, entsteht ein Baum, von dem sich die Kinder selbst Birnen nehmen können. Er hat aber so spät daran gedacht, dass die Kinder ein paar Jahre warten müssen bis wieder Birnen wachsen.

Diese Lücke in der Versorgung macht erst die Machtverhältnisse hinter dem scheinbar so idyllischen ersten Eindruck bewusst. Der adlige Gutsbesitzer ist nicht zur Wohltätigkeit verpflichtet. Sie ist ein Akt der Großzügigkeit, den er sich leisten kann, und obwohl es eine fürsorgliche Geste ist, gehört sie doch zur Struktur der ständischen Gesellschaft. Wenn der Adlige wohltätig ist, bekommt er dafür gesellschaftliche Anerkennung. Wohltätigkeit kann sogar eine kluge Strategie sein, weil die Stellung der adligen Familie durch die Dankbarkeit und Gefügigkeit der Abhängigen bestätigt und gefestigt wird. Beschließt der adlige Gutsbesitzer aber, es nicht zu sein, so stellt das die Legitimität seiner Stellung auch nicht in Frage.

Das Wohlwollen des alten Ribbeck entspricht dem Zeitgeist des 18. Jahrhunderts. Als Gegenbewegung zum Rationalismus des 17. Jahrhunderts wurden Emotionen als Quelle für das moralische Bewusstsein entdeckt.[54] Empfindsamkeit, Zuwendung und Versöhnung, wurden in der Literatur thematisiert und zum gesellschaftlichen

---

[54] *Deutsche Literatur in Schlaglichtern,* Hrsg: Bernd Balzer und Volker Mertens, Mannheim: Meyers Lexikonverlag, 1990, 201 ff. Die englischen Autoren Anthony A. Earl of Shaftesbury (1621-1683) und Francis Hutcheson (1694-1746) legten die philosophischen Grundlagen. ,Hutcheson postuliert, dass wir wohlwollende Gefühle und Leidenschaften haben, im Gegensatz zu der von ihm Hobbes und Mandeville zugeschriebenen Auffassung, dass alle Leidenschaften in letzter Konsequenz Formen des Eigeninteresses sind. Eigeninteresse, so behauptet er, kann nicht erklären, warum wir unser Handeln gutheißen und insbesondere, warum wir uns mit denjenigen identifizieren, die eine gütige Persönlichkeit besitzen.' *Amy M. Schmitter,* Francis Hutcheson on the Emotions (1694-1746*), Supplement to 17th and 18th Century Theories of Emotions, 2010,*
Stanford Encyclopedia of Philosophy, plato.stanford.edu/entries/emotions-17th18th/LD7Hutcheson.html, [meine Übersetzung].

Ideal erhoben. Der alte Ribbeck ist eine Verkörperung dieses Ideals, für das es gewiss in der historischen Wirklichkeit noch weitere Beispiele gab. Sein Sohn ist sein abschreckendes Gegenbild, was zeigt, wie die Situation bedingt durch die ständischen Machtverhältnisse auch sein kann und sicher nicht selten war.

Der Vergleich des alten mit dem neuen Ribbeck kann als implizite Kritik des Autors an den gesellschaftlichen und politischen Verhältnissen seiner eigenen Zeit verstanden werden.[55] Die Abfolge von zeitweiliger Liberalisierung, wie sie mit der Revolution von 1848 erfolgte, und anschließender Restauration war Fontane (1819-1898) schmerzhaft vertraut. Er litt am autoritären, ständisch geprägten preußischen Staat, in dessen Diensten er lange stand, von dem

---

[55] Meine Hauptquelle hierfür ist Iwan-Michelangelo D'Aprile *Fontane, Ein Jahrhundert in Bewegung.* Hamburg: Rowohlt Verlag, 2. Auflage, Februar 2019. D'Aprile arbeitet heraus, wie Fontane mit Hilfe von Analogien in seinen Balladen einen politischen Gehalt zum Ausdruck bringt. Seine Bezugspunkte sind Legenden, historische Stoffe oder seine eigenen Beobachtungen, nicht zuletzt auch während seiner Aufenthalte in dem im Vergleich zu Preußen liberaleren und fortschrittlicheren Großbritannien. Ein Verweis auf die in der damaligen Zeit in liberalen Kreisen idealisierte Regierungszeit Friedrichs des Großen (1740-1786), zum Beispiel, war ein beliebtes Stilmittel, um Kritik am autoritären Staat zu üben (144, 156-158).

er finanziell abhängig war und der ihn durch seine Willkür, seine Knausrigkeit und den Zwang zur Anpassung an seine ideologischen Vorgaben demütigte. Obwohl er für die nationalkonservative Kreuzzeitung schrieb, die ständische und höfische Interessen und antisemitische Positionen vertrat, stand er der preußischen Ständeordnung kritisch gegenüber und war offen für Modernisierung in allen Bereichen.[56] Als akribischer Zeitungleser hat er das Entstehen der Arbeiterbewegung und die Anfänge eines Sozialstaats in Deutschland nach 1871 sicher mit Interesse beobachtet. Auch an seiner eigenen prekären Situation lässt sich ablesen, wie sinnvoll und wertvoll eine gesetzlich geregelte staatliche Unterstützung für die durch Krankheit, Unfall oder Arbeitslosigkeit in Not Geratenen ist.

Ein bisschen Sozialkritik und ein bisschen Sozialutopie - der Traum, dass es allen Menschen gut gehen möge - stecken sicher in seiner Ballade. In jedem Fall aber bleibt ihr

---

[56]Dies galt insbesondere für seine eigenen Fachgebiete, die Presse, die Literatur und das Theater (D'Aprile, 396 ff. und 412-3)

Protagonist mit seiner Güte und Nächstenliebe ein Vorbild für Menschlichkeit.

Nachwort

Der Gegenstand dieser Essaysammlung ist nicht die Freiheit von äußeren Zwängen, sondern eine innere Freiheit, die dadurch entsteht, dass man sich von Ängsten und vorgefassten Meinungen verschiedenster Art distanzieren kann, bevor man sich ein Urteil bildet. So lässt sich Harry Potter nicht von Voldemort manipulieren, weil er Hagrid kennt und daher nicht für Vorurteile gegen seinen Freund empfänglich ist. Seine Freundschaft ist über jeden falschen Verdacht erhaben. Gregor in *Sansibar oder der letzte Grund* gelingt es, sich von seiner ideologischen Befangenheit und seinen Ängsten zu lösen und sich neu zu orientieren, was ihm die Kraft gibt, die bevorstehenden Herausforderungen zu bewältigen.

Einmal gewonnen bleibt diese innere Freiheit durch innere und äußere Einflüsse gefährdet. Hans Castorp, zum Beispiel, ist den konkurrienden Weltanschauungen Settembrinis und Naphtas ausgesetzt und auch die Atmosphäre im Sanatorium wirkt auf ihn. In seinen besten Momenten kommt er jedoch durch Nachdenken zu unabhängigen Einsichten. Seine bewusste Entscheidung für Liebe und Güte, die aus einer Vision friedlichen und glücklichen Zusammenlebens der Menschen entsteht, deutet an, dass sich in diesen Momenten der inneren Freiheit sein Blick weitet und das Wohlergehen aller Menschen umfasst. Letztlich fehlt ihm jedoch die Kraft zum Widerstand gegen den Strom der Zeit.

In *High Noon* ist Marshal Will Kane das Ziel der Rache Millers, weil er das Gesetz repräsentiert, das sich gegen das Recht des Stärkeren stellt, indem es die gleichen Rechte und die Würde aller Mitglieder der Gesellschaft schützt. Will Kane entscheidet sich dafür, das Gesetz – man könnte auch sagen den Rechtsstaat - zu verteidigen und lässt sich deshalb nicht von den Verharmlosungen seiner Mitbürger irreleiten. Seine innere Freiheit zeigt sich auch darin, dass er allen Versuchen, ihn von einer Konfrontation mit Miller abzubringen, widersteht.

Innere Freiheit ist viel schwerer zu erreichen, wenn sich die Gesellschaft als Ganze nicht an humanistischen Werten orientiert, wenn Meinungsfreiheit, Pressefreiheit und die Unabhängigkeit der Justiz eingeschränkt oder gar aufgehoben sind. Der Sprecher in Heinrich Heines Gedicht findet noch Zuflucht vor politischer Unterdrückung und Unsicherheit in der ironischen Betrachtung der Zustände. Pasternaks Sprecher, dagegen, hat keinen Spielraum mehr. Die Überwachung des totalitären Staats bedrückt und bedrängt auch Geist und Seele. Ein inneres Exil wie bei Heine bringt keine Freiheit mehr. So kommt in Pasternaks Gedicht nur noch die Sehnsucht nach Freiheit und die Verzweiflung über die totale Herrschaft zum Ausdruck.

Ein Leben in ständiger Unsicherheit und Sorge um das tägliche Überleben, das eigene und das der Familie, lässt wenig Raum für grundsätzliche weltanschauliche Überlegungen. Dies gilt sowohl für politische als auch für wirtschaftliche Unsicherheit. Die optimale Bedingung für ein freies Leben ist ein liberaler, demokratischer Verfassungsstaat mit starker Sozialgesetzgebung. Eine gute Schulbildung und eine gewisse wirtschaftliche Unabhängigkeit tragen dazu bei, dass sich innere Freiheit verwirklichen lässt. Sie bewahrt vor Obsessionen, davor, sich so in ein Narrativ hineinzusteigern, dass man sich nicht mehr damit auseinandersetzen kann und Gegenargumente und -positionen einfach rundweg ablehnt. Sie hilft dabei, nicht mit humanistischen Werten vereinbare radikale Positionen zu erkennen und sich davon zu distanzieren.

Trotz günstiger Bedingungen bleibt es schwer genug, sich von Einflüssen zu lösen und zu einer eigenen Haltung zu finden. Die Probleme und Herausforderungen sind komplex und erfordern Güterabwägungen. Wie sieht ein gutes Gleichgewicht zwischen wirtschaftlicher Freiheit und sozialer Sicherheit, zwischen funktionierender Wirtschaft und Umwelt- und Klimaschutz aus? Welche Veränderungen sind notwendig um ein gutes Leben für alle Menschen auf der Erde zu ermöglichen?

Dabei gerät leicht in Vergessenheit, dass Freiheit auch darin bestehen kann, etwas nicht zu tun und Macht und Ansprüche nicht maximal auszureizen. Das gilt für den Einzelnen, aber es gilt noch viel mehr für Interessenvertreter aus der Industrie, der Landwirtschaft oder der Finanzwirtschaft, denn ihr Verhalten wirkt sich auf die Zukunft der gesamten Gesellschaft und letztlich auf die aller Weltbürger aus. Eine vernünftige Richtlinie ist das Ideal der Nachhaltigkeit, das mit der Unterzeichnung des Kyoto Protokolls von 1992 gesetzt wurde. Es beruht auf dem einfachen Grundsatz, dass alle Kosten, auch soziale und ökologische, in wirtschaftliche Kostenberechnungen eingehen müssen.

Auch wenn der alte Herr von Ribbeck Teil einer ständischen Gesellschaft war und diese nicht revolutionierte, so blickte er doch über den Horizont seines Standes hinaus. Er blieb nicht in der Selbstbezogenheit stecken. Seine Güte bewegte ihn dazu, sich um das Wohl anderer Menschen zu sorgen und sich aktiv dafür einzusetzen. Die zentrale Metapher des Gedichts, das Pflanzen eines Birnbaums, ist

Ausdruck des Wunsches, alle Kinder am Wohlstand teilhaben zu lassen und auch für sie eine Lebensgrundlage zu schaffen. Sie ist auch ein schönes Bild für nachhaltiges Wirtschaften.

Die Mittelschicht ist die heutige Elite. Zahlenmäßig wäre das ein großes Machtpotential für Veränderungen im Sinne eines nachhaltigen Wirtschaftens. Wir sind aber zu oft der junge Ribbeck, der in seiner eigenen Welt befangen ist und nur an sein eigenes Wohlergehen denkt, statt neue Prioritäten zu setzen und unsere Energie dafür einzusetzen, genügend Birnbäume für die Kinder auch der nächsten Generation zu pflanzen.